LOFFICIAL

REPRÉSENTANT DU PEUPLE

JOURNAL D'UN CONVENTIONNEL EN VENDÉE

(Décembre 1794 - Juillet 1795)

PUBLIÉ PAR

C. LEROUX-CESBRON

AVEC UNE PRÉFACE DE

H. BAGUENIER-DESORMEAUX

PARIS

ERNEST FLAMMARION, ÉDITEUR

26, RUE RACINE, 26

1896

LOFFICIAL

Représentant du Peuple

LOUIS PROSPER LOFFICIAL
Né à Montigne en anjou le 28 9bre 1751.
Deputé du Poitou
à l'Assemblée Nationale de 1789,
et député du Dépt des deux Sevres,
à la Convention nationale de 1792
Lemercier et Alliot, Niort.

LOFFICIAL

Représentant du Peuple

JOURNAL D'UN CONVENTIONNEL EN VENDÉE

(Décembre 1794 - Juillet 1795)

PUBLIÉ PAR

C. LEROUX-CESBRON

AVEC UNE PRÉFACE DE

H. BAGUENIER-DESORMEAUX

PARIS

ERNEST FLAMMARION, ÉDITEUR

26, RUE RACINE, 26

AU LECTEUR

Innombrables sont les publications de tous genres parues ces dernières années, dans lesquelles, de près ou de loin, il est traité des Guerres de la Vendée ou de la Chouannerie. A elles seules, elles formeraient une imposante bibliothèque ! Cependant l'élan donné est loin de se ralentir ; chaque semaine, au moins, voit éclore un nouveau travail, livre ou brochure, sur le même sujet. Et il ne faut pas s'y tromper ! pareille production n'engendre pas la pléthore, tout cela se lit, se discute, se classe ; les nouveaux venus se font leur place à côté de leurs devanciers, que, souvent, ils contribuent à éclairer ou à compléter.

D'où vient donc ce succès ? et comment la question n'est-elle pas depuis longtemps épuisée ?

C'est que le sujet est immense, presque sans limites ; il faudra des années encore, avant que ne soit dit le dernier mot sur ces « Guerres de l'Ouest », la plus colossale entreprise, et la plus admirable, des temps modernes. Pendant de longues années, ceux qui nous ont précédé ont volontairement laissé dans l'ombre ces mémorables « gestes » d'une lutte grandiose entre deux principes éminemment opposés, mais qui, tous les deux, par leur grandeur même, ont enfanté des héros. Certains par faiblesse ou par scrupule, quelques-uns par vanité, d'autres par animosité ou envie, d'autres encore par calcul, feignirent d'ignorer la Vendée ou, du moins son importance.

Il faudrait un gros volume pour exposer les raisons complexes, qui firent si longtemps méconnaître ou dénaturer le rôle capital et superbe tenu dans la Révolution par nos populations de l'Ouest. Ce n'est point ici le lieu de le faire.

Grâce à Dieu, les méthodes historiques rationnelles aidant, de nouvelles générations sont venues, qui n'ont pas craint d'entreprendre l'étude sérieuse de cette partie si importante de notre histoire nationale. On s'est tout à coup aperçu que les fables, les romans, les épopées mêmes, les mensonges aussi, accumulés comme à plaisir, ne devaient plus avoir cours. On a senti qu'il était urgent de rendre aux faits leur aspect véritable, qu'il était insuffisant de s'en rapporter aux « arrangements » de M. de Barante ou aux dithyrambes si exclusifs de Le Bouvier-Desmortiers, aussi bien qu'aux mensonges intéressés de Turreau ou aux appréciations non moins creuses que ronflantes de Michelet et de Henri Martin. Même en dehors des milieux royalistes, on a cessé de considérer les paysans de Catheli-

neau, de Bonchamps, de Stofflet et de Charette, comme
d'infâmes brigands, on a bien voulu leur reconnaître
quelque valeur et leur patriotisme, sur lequel il y
aurait une si belle étude à faire, n'est plus aujourd'hui
sérieusement contesté.

Les familles, elles aussi, dont les membres avaient
pris part aux événements, soit dans un camp, soit dans
l'autre, ont jugé que le moment était venu, dans
l'intérêt de la mémoire de leurs pères, de quitter la
la réserve où elles s'étaient tenues jusqu'ici. Elles se
sont décidées à mettre au jour des documents précieux,
conservés jusqu'ici avec un soin jaloux, au plus profond de leurs archives.

C'est à ce sentiment que nous devons aujourd'hui la
publication du « JOURNAL » du Représentant du peuple
Lofficial, l'un des commissaires de la Convention dans
les départements de l'Ouest, en 1794 et 1795. Je ne
m'étendrai point sur la vie et les actions de l'auteur ;
mon vieil ami C. Leroux-Cesbron qui s'est fait, avec
une érudition pleine de réserve et de tact, l'éditeur des
papiers laissés par son arrière grand-père, s'est chargé
de ce soin, bien mieux que je ne l'aurais pu faire. Ceux
qui veulent bien, par une indulgence extrême, m'attri-
buer quelque connaissance des choses vendéennes d'il y
a cent ans, me permettront seulement de leur dire très-
rapidement mon impression sur cet ouvrage.

Lofficial était du pays, il appartenait à cette bourgeoisie libérale, quelque peu même teintée de jacobi-

nisme, qui s'imprégna si fortement des idées nouvelles et fut, dans notre région, le plus ferme soutien de la Révolution. Il faut bien le reconnaître, les agissements de cette bourgeoisie contribuèrent beaucoup à exaspérer les populations et furent une des causes de l'explosion de mars 1793, comme ils l'avaient été du mouvement partiel qui s'était produit au mois d'août précédent. L'auteur fut donc, dès l'abord, un adversaire convaincu de la Vendée royaliste et catholique, et l'on doit s'attendre évidemment à retrouver dans son livre la trace de ses sentiments personnels. Mais c'était, par-dessus tout un honnête homme, dans toute la haute acception du terme ; lors même qu'il est injuste pour les Vendéens, il se trompe de bonne foi.

Emu à plus d'un titre, des effroyables maux qui dévoraient son pays natal, il fut un de ceux qui contribuèrent davantage à rendre possibles les pacifications de 1795, bien qu'il n'en ait pas également approuvé toutes les conditions. Jusqu'ici, les menées de son intrigant collègue Ruelle, jointes à sa propre modestie, l'avaient un peu relégué au second plan dans cette affaire. La publication de ce journal intime écrit au courant des impressions du moment, sans prétention aucune, et surtout — j'y insiste — en dehors de toute pensée qu'il soit imprimé jamais, va restituer à L'official son véritable rôle et montrer la part prépondérante qu'il prit à ces évènements.

Mais ce n'est pas seulement au point de vue d'une

biographie personnelle qu'il faut envisager ce document et la correspondance dont il est accompagné. L'importance des faits dont il traite, est surtout capitale, même pour l'histoire générale de la Révolution Française. Sur bien des points, il rend aux évènements leur exacte physionomie, remettant à leur juste place, sans le chercher, les hommes et les choses. Il établit, par exemple par son récit, que la paix de la Jaunaie n'a comporté aucun article secret, qu'il ne fut pas question de Louis XVII, et désormais, la discussion autrefois soulevée par des admirateurs trop zélés de Charette, n'aura plus de raison d'être.

Comme tout homme ayant fait une œuvre qu'il juge bonne et profitable à ses concitoyens et à sa patrie, il s'attache à cette œuvre et la défend de son mieux, contre les entreprises capables de la détruire. De toute son âme, de toutes ses forces, il s'applique à faire exécuter la Pacification. On ne doit donc pas s'étonner de la rancune qu'il garde à Charette et à Stofflet d'avoir successivement repris les armes. Il est trop mêlé aux événements, il y prend une trop grande part pour pouvoir comprendre les raisons des deux chefs vendéens et le mobile qui les dirige. Là, surtout, il est d'une très-réelle injustice à leur égard. Mais ses erreurs ont toutes la même origine : son désir d'assurer définitivement la paix ; aussi ses préventions contre ceux qui ne secondent pas complètement ses vues, sont-elles facilement explicables et est-il fort aisé de faire la part de sa mauvaise humeur, comme il convient.

Son journal *n'en* reste pas moins un très précieux document qu'on ne saura trop consulter désormais lorsqu'on voudra étudier cette question encore si mal connue des premières pacifications Vendéennes.

H. BAGUENIER DESORMEAUX.

Président de la Société Philotechnique.

Paris, 18 Septembre 1895.

La Guerre de Vendée est peut-être l'événement de
notre histoire contemporaine qui a soulevé dans la masse
du public les enthousiasmes les plus passionnés comme
aussi les polémiques les plus ardentes. C'est qu'elle ne
ressemble à aucune de nos campagnes classiques, cette
guerre, qui a emprunté un caractère étrange et grandiose
de sauvagerie au milieu où se sont déroulés les événements et au tempérament de fer des paysans fanatisés
par leurs croyances. Elle offre surtout un côté roma-
nesque bien fait pour séduire les imaginations populaires,
et, pour qui connaît la Vendée, avec ses coteaux boisés,
ses sentiers couverts, bordés de buissons de houx, ses
grands champs de genêts et ses fourrés d'ajoncs, il est
facile de reconstituer par la pensée les luttes d'homme à
homme où une poignée de gars résolus, embusqués au
tournant d'un chemin creux, guettait le passage d'une
patrouille ennemie. Les Bleus s'avancent en colonne, le
cri de la chouette retentit au loin ; c'est le signal de
l'attaque ; des coups de feu partent derrière les talus ;
et quand la troupe armée riposte, les autres sont déjà
loin, égaillés comme une volée de perdreaux dans les

genêts en fleurs. Voilà comment se battaient ces hommes. Voilà comment ils défendirent pied à pied leur territoire. Ils étaient très forts parce qu'ils mouraient pour une idée : Dieu et le Roi !

Oui, ce fut en réalité une jacquerie des temps modernes ce soulèvement de paysans, accourus par bandes du fond de leur bocage, insurgés contre les lois de la Convention Nationale, et, par un bizarre retour des choses d'ici-bas, allant chercher dans leurs châteaux pour les mettre à leur tête, leurs seigneurs, tandis que, quatre cents ans plus tôt, c'est contre ces seigneurs mêmes que se soulevèrent leurs ancêtres de la Jacquerie féodale.

Comment nos sympathies n'iraient-elles pas tout naturellement à ces hommes simples et résolus, qui, seuls, dans toute la France, ont osé s'attaquer à la puissance formidable de la Convention, quand le pays tout entier, terrorisé par les exécutions en masse, courbait la tête sous le couteau de la guillotine ?

D'ailleurs notre admiration pour ces paysans, notre enthousiasme pour leur résistance héroïque seront cent fois justifiés aux yeux du public, si nous mettons en parallèle l'énergie et le courage des adversaires avec lesquels ils eurent à se mesurer. — Sachons faire une large part de gloire aux pauvres soldats de la République, à ces Sans Culottes de l'armée du Rhin, aux héros futurs des guerres de l'Empire, qui, jetés dans un pays sauvage, inaccessible, souvent mal dirigés, donnaient tête baissée dans ces broussailles où les attendait un ennemi insaisissable. — Les crimes de leurs généraux ont pu jeter sur ces braves troupes, un discrédit immérité ; ils n'ont pas porté atteinte à leur honneur de soldats.

Lors donc que l'on examine au point de vue de la morale de l'histoire les conséquences de la guerre de Vendée, on peut affirmer catégoriquement que, quelles que soient les circonstances qui ont décidé le soulèvement, quelles qu'en aient été les suites désastreuses au point de vue national, en admettant même qu'il ait été exploité par l'ambition des chefs des deux partis, Royaliste et Républicain, il reste acquis pour le public, qui ne s'attache qu'à l'ensemble des faits, que cette guerre est et restera une page glorieuse de l'histoire de notre Révolution française ; glorieuse pour les vaincus, glorieuse aussi pour les vainqueurs ; car dans les deux camps, il y avait d'honnêtes gens, tous Français, qui se battaient, avec un égal courage, pour le triomphe de leurs principes.

De nombreux ouvrages ont été écrits depuis cent ans sur la guerre de Vendée dans des ordres d'idées bien différents ; les uns sont un monument pieux, élevé à la mémoire d'une quelconque des nombreuses victimes de cette lutte homérique, et tournent tout à fait au panégyrique ; les autres présentent un réquisitoire virulent contre certaines personnalités haïssables à juste titre, mais ont le tort d'englober indistinctement tout un parti dans une haine individuelle. Presque tous, en un mot, sont entachés de cette partialité aveugle qui trouve toujours des excuses et des atténuations aux fautes des

amis politiques, en rejetant sur les adversaires tout
l'odieux de certains actes dont chacun pourrait assumer
sa part de responsabilité. La plupart ont été écrits à une
époque encore trop rapprochée de la période qu'ils
racontent, et leurs auteurs n'ont pas su se défendre de
prendre parti pour ou contre les Vendéens ; cela les a
amenés à dénaturer inconsciemment le caractère des
événements, en échafaudant leurs récits sur des traditions sentimentales et passionnées bien plus que sur des
documents authentiques et surtout impartiaux.

— A notre époque, on aime l'histoire, mais l'histoire
vraie, l'histoire documentaire ; celle qui n'a pas été écrite
dans le cabinet d'un historien littérateur, mais celle qui
nous est révélée par la correspondance particulière de
personnages ayant joué un rôle quelconque dans le drame
historique, et surtout par des pièces officielles, inédites,
retrouvées dans les papiers de famille.

Cette histoire est la seule vraie, parce qu'elle s'appuie
directement sur les témoignages des contemporains. —
Ce n'est pas à dire que l'histoire, écrite ainsi à coups de
documents, modifie dans leurs grandes lignes les faits
principaux que nos ouvrages classiques nous ont appris ;
seulement elle jette parfois un jour nouveau sur des
événements restés obscurs ou inexpliqués : elle rectifie
des erreurs consacrées par la tradition, nous fait comprendre la politique suivie par tel ou tel homme connu
en nous dévoilant des détails ignorés sur son caractère
propre et ses ambitions secrètes ; elle nous amène
finalement à nous faire une opinion motivée sur les faits

dont nous saisissons maintenant la logique parfaite, tandis que nous n'avions de l'ensemble qu'une idée insuffisante, vague, superficielle.

Je me trouve avoir entre les mains toute une série de papiers très curieux concernant la guerre de la Vendée, qui me viennent de mon aïeul Louis-Prosper Lofficial, député des Deux-Sèvres à la Convention Nationale. Ces papiers présentent un caractère tout particulièrement intéressant, parce qu'ils ont appartenu à un homme qui, né au cœur même de la Vendée a eu ses affections et ses intérêts concentrés dans ce pays, il l'a représenté dans les grandes assemblées du commencement du siècle et il a mis à son service toute son intelligence et tout son cœur, sans jamais transiger cependant avec les principes égalitaires, dont il s'était fait le champion. Lofficial naquit en 1751, à Montigné-sur-Moine. Bailli de robe longue du district de la Chataignerie, avant 1789, il fut délégué par le Poitou comme représentant du Tiers aux Etats Généraux. Mêlé à tous les grands événements de ce prélude de la Révolution française, il s'était déclaré en principe partisan enthousiaste des nouvelles réformes sociales. Elu membre du comité de judicature à l'Assemblée Constituante, il travailla activement à la réforme de l'administration judiciaire. Lorsque l'Assemblée Constituante se sépara, Lofficial obtint le siège de juge au tribunal de Parthenay ; ces fonctions étaient alors purement électives, il les a exercées pendant la durée de l'Assemblée Législative, et ses concitoyens du département des Deux-Sèvres l'ont envoyé de nouveau à siéger à la Convention au mois de septembre 1792. Il était trop libéral et trop modéré pour approuver les excès et les violences de la nouvelle majorité. Le procès de Louis XVI lui fut particulièrement odieux, aussi se tint-il à l'écart des affaires pendant la Terreur, et il ne joua un rôle actif dans la politique, qu'après la chute de Robespierre. C'est alors qu'il attira l'attention de ses collègues sur la situation affreuse de sa pauvre Vendée martyrisée par Carrier et par des généraux sanguinaires comme Rossignol et Grignon ; il obtint leur mise en jugement. En décembre 1794, le Comité du Salut public l'envoyait en mission extraordinaire en Vendée pour y faire exécuter l'amnistie votée par la Convention le 12 frimaire, an III, (2 décembre 1794).

Sa mission dura environ 7 mois ; dans cet intervalle enrent lieu les premiers pourparlers avec Charette, d'abord, avec Stofflet ensuite, qui aboutirent à la signature du traité de la Jaunaie, 26 février 1795. Ce traité était le premier consenti entre les chefs des armées royalistes et le gouvernement républicain. Lofficial avait pris une part active à toutes les négociations qui l'avaient précédé, il s'efforça, d'accord avec ses collègues de la mission, d'en assurer l'exécution, en même temps qu'il réorganisait l'administration de tout ce pays de Vendée, son propre pays, avec la modération et la fermeté qui faisaient le fond de son caractère. Ce fut là le plus beau moment, le point culminant de sa vie politique ; rappelé à Paris le 1er thermidor, il prit part aux derniers travaux de la Convention. Sous le Directoire, Lofficial

fut membre du Conseil des Cinq Cents. — Il est mort
en 1825, Conseiller à la Cour d'appel d'Angers.

Les papiers que je possède ont donc trait à la guerre
de Vendée, mais ils concernent plus particulièrement la
période de cette guerre, connue sous le nom de Pacification de la Jaunaie, au commencement de l'année 1795.
Comme je l'ai dit plus haut, Lofficial y a joué un rôle
important puisqu'il était Représentant de la Convention
Nationale délégué là-bas, et qu'il a traité directement et
personnellement avec Charette et Stofflet. Or, cette fin
des guerres de Vendée est peu ou pas connue du public,
elle n'a jamais été étudiée que très superficiellement,
j'ose le dire, faute de documents sérieux et authentiques.

Pourtant la Pacification de la Jaunaie n'est pas une
des pages les moins glorieuses de l'histoire de notre
Révolution française. Les apologistes des généraux
vendéens ont volontairement laissé régner une grande
confusion dans le récit des événements qui se passèrent
en Vendée et en Bretagne, en l'an de grâce 1795, et cela
s'explique par la répugnance qu'ils ont éprouvée à
diminuer à nos yeux, les héros de la grande épopée de 1793
en retraçant leurs faiblesses, quand ils s'humanisèrent
jusqu'à traiter avec la Convention et quand ils oublièrent
trop vite, hélas, l'engagement qu'ils avaient pris vis-à-vis
d'elle. Comment, en effet, faire admettre aux fidèles de
la Royauté, qu'à un moment donné, Charette, Sapineau,
Stofflet, ces défenseurs attitrés de la sainte cause, ont
pu, de gaîté de cœur, s'incliner devant la légalité du
gouvernement républicain ? Comment expliquer leur

revirement quelques mois plus tard ? Je comprends ces scrupules et je les respecte. Mais quand on écrit l'histoire, on doit se placer au-dessus des questions de parti ; l'historien, quoi qu'il en coûte à ses sympathies personnelles, doit mettre la vérité en pleine lumière et la dégager de toutes les légendes fantaisistes sous lesquelles on l'a déguisée. C'est là le but que je me propose en publiant les papiers de Lofficial sur la Pacification de la Jaunaie.

Dans les documents que je possède, se trouvent des lettres écrites par les autorités républicaines et par les chefs vendéens, des pièces officielles peu connues ; enfin un journal tout entier de la main du Représentant lui-mmée. L'authenticité des lettres et documents ne peut être mise en doute, attendu que tous portent les signatures autographes des hommes politiques qui les ont écrits ou reçus. Le journal relate dans leurs moindres détails, tous les événements qui ont précédé et suivi la Pacification. Il commence le jour où Lofficial nommé commissaire en Vendée par le décret du 12 frimaire an III, a quitté Paris pour se rendre à Nantes, mentionne ses moindres faits et gestes, sténographie ses moindres paroles, donne la copie des lettres qu'il écrivait et recevait de tous côtés, rapporte les bruits les plus insignifiants qui couraient le pays et le suit jusqu'à sa rentrée dans la capitale le 1er thermidor an III, (19 juillet 1795). C'est, en un mot, concentrée dans quelques pages, une tranche de la vie du Conventionnel en mission.

Le style est bref, précis, quelquefois incorrect, et cette

incorrection même, prouve que l'auteur ne destinait nullement son journal à la publicité, il songeait simplement à noter ses paroles, ses actions, et celles de son entourage, comme on inscrit sur un livre de compte ses recettes et ses dépenses de chaque jour. On comprendra l'importance qu'il y avait pour lui à en prendre acte lorsqu'on songera qu'il vivait à une époque où, d'un instant à l'autre, il pouvait être appelé à venir justifier sa conduite à la barre de la Convention.

Le lecteur sait, pour l'avoir lu dans tous les livres d'histoire, qu'après le 9 thermidor, lorsque le régime de la Terreur eut disparu avec la chute du triumvirat, Robespierre, Saint-Just, Couthon, il y eut une réaction du parti modéré qui mit dans toute la France, un terme aux exécutions des tribunaux révolutionnaires, décréta d'accusation les créatures de Robespierre qui terrorisaient les provinces, et chercha partout à calmer les esprits par des mesures de clémence. On résolut d'appliquer la politique de modération à la pauvre Vendée livrée depuis deux ans aux meurtres, aux pillages, à toutes les horreurs d'une guerre de sauvages, sans trêve ni merci ; et l'Assemblée vota un décret d'amnistie le 12 frimaire an III, offrant aux paysans révoltés qui cesseraient les hostilités et déposeraient les armes dans le délai d'un mois, la paix sans conditions restrictives.

Lofficial fût alors nommé avec les députés Menuau, Delaunay, Gaudin, Morisson et Chaillon, pour faire exécuter en Vendée, le décret d'amnistie de la Convention.

Il faut bien le reconnaître, le député des Deux-Sèvres

réunissait toutes les conditions voulues pour rendre dans cette mission de véritables services à ses compatriotes. Son passé politique témoignait en faveur de ses idées modérées. A la chute de Robespierre, ne s'était-il pas montré le premier, un des ardents promoteurs de la réaction thermidorienne.

Lorsque l'Assemblée s'effrayait encore des colères du parti de la Montagne, le premier il osa dénoncer à la tribune les atrocités commises à Nantes par Carrier, et il obtint sa mise en jugement. Il avait été puissamment secondé dans cette campagne, par les Nantais, qui lui fournirent quantité de rapports, de dénonciations, toutes les preuves les plus accablantes contre le tribun. Après ce succès, son nom devint populaire dans l'ouest et il se vit assailli par les sollicitations de ses concitoyens qui réclamaient à grands cris la révocation des Rossignol, des Thureau, des Grignon, dont les colonnes infernales avaient acquis une réputation légendaire de férocité.

Il se faisait le porte-parole de tous les hommes paisibles, de tous les républicains honnêtes, de ces malheureux « patriotes », comme on les appelait alors, qui avaient vu leurs familles assassinées ou déportées, leurs propriétés brûlées et pillées, qui, eux-mêmes, étaient obligés de fuir de ville en ville, en butte à la vengeance des royalistes, qui ne leur pardonnaient pas l'indépendance de leurs opinions, et à la brutalité des troupes républicaines qui frappaient indistinctement amis et ennemis, traitant toute la Vendée en pays conquis.

Il recevait de Parthenai les plaintes de la municipalité.

« Un bruit alarmant s'est répandu dans notre mal-
» heureuse ville de Parthenai, qui porte l'inquiétude et le
« désespoir dans l'âme de ses habitants. Suivant les rap-
« ports qui leur sont parvenus, le général Rossignol doit
« faire incendier la ville de Parthenai. Citoyen Repré-
« sentant, arrêtez ces malheurs, vous le pouvez, et j'ose
« dire que vous le devez, en faveur d'une ville qui s'est
« distinguée entre toutes celles des trois départements du
« ci-devant Poitou, par son patriotisme ardent et son
« amour pour la République. » — L'official obtenait
alors du ministre de la guerre Bouchotte, qu'on ne
brûlerait pas Parthenay. Les chefs du district du département des Deux-Sèvres lui dévoilaient les crimes commis
par Grignon. « Il faut, disaient-ils, que le Comité de
« Salut Public et la Convention sachent que des généraux
« ordonnent ou laissent commettre des horreurs envers
« de bons citoyens, et que la loi, qui veut qu'on porte
« sur les derrières des armées, les vieillards, les femmes,
« les enfants, les blés et les fourrages, est mal exécutée. »
Et ils citaient des faits. « Les soldats de la division de
« Grignon violent la fille d'un bon citoyen, d'un respec-
« table cultivateur qui, accompagné de son fils, va se
« plaindre de cette violence à Grignon. Pour toute
« justice, il les fait fusiller. Il fait fusiller la garde
« nationale et la municipalité en écharpes d'une com-
« mune qui étaient allées au-devant de son armée pour
« fraterniser. » Aussitôt, le député demandait la
destitution de Grignon. C'étaient encore les habitants de
Nantes qui l'intéressaient au sort de la veuve du général

Bonchamp, arrêtée par ordre de Carrier. Et il se mettait en campagne pour obtenir la révision du procès de Mᵐᵉ de Bonchamp.

Ainsi Lofficial, depuis 1793 jusqu'au commencement de l'année 1795, ne cesse d'être à la Convention l'avocat infatigable de toutes les victimes de cette guerre de sauvages. Ce rôle lui convient à lui mieux qu'à aucun autre, car il sait tout ce que son pays a enduré de souffrances depuis deux ans, car il a le droit d'élever la voix pour le défendre, lui dont les propriétés ont été saccagées, lui qui y a perdu des parents et des amis. Aussi juge-t-il sévèrement les fautes de l'administration républicaine et apprécie-t-il avec une justesse absolue la situation générale de la Vendée dans un mémoire qu'il remet au Comité de Salut Public en rentrant de sa mission. J'en extrait ce passage :

« Notre intention n'est pas de retracer ici tous les
« malheurs qui ont été la suite de cette guerre désas-
« treuse ; il nous suffira d'observer qu'après l'affaire du
« Mans, où le brave et trop malheureux Westerman fit
« des prodiges de valeur, et après la bataille de Savenay,
« les rebelles vaincus imploraient le pardon, que dociles
« à la voix de leurs administrateurs, ils déposèrent en
« foule leurs armes et reprirent leurs travaux ; tout alors,
« dans les derniers jours d'octobre 1793, était tranquille
« dans les pays insurgés. Les habitants goûtaient les
« douceurs de la paix si conforme à leur caractère, l'on
« n'avait pas à craindre qu'ils reprissent de nouveau les

« armes à la voix de leurs chefs, qu'ils détestaient
« comme les auteurs de tous leurs maux.

» Mais le génie malfaisant qui dirigeait les opérations
« de cette guerre en avait ordonné autrement. On confie le
« commandement des troupes républicaines à un homme
« qui a dit avoir des ordres pour en agir ainsi et qui a
« passé en cruauté les Roncin, les Rossignol (Turreau).
« Tout dans ce malheureux pays est mis en feu, les
« villes, les villages, les hameaux, les chaumières, sont
« réduits en cendres ; les femmes, les vieillards, les
« enfants, trop faibles pour suivre ou pour se défendre,
« sont inhumainement égorgés, ainsi que tout homme
« sans armes qui est rencontré. Alors, le désespoir passe
« dans l'âme de tous les habitants, ils se portent en
« masse dans les lieux où sont déposées les armes, s'en
« emparent et portent des coups d'autant plus dangereux
« aux républicains, qu'ils étaient dirigés par la ven-
« geance et qu'ils n'avaient d'autre espoir que de vaincre
« ou de mourir. — Des hommes que l'enfer avait vomis
« pour le malheur de ces contrées (Carrier), sont envoyés
« en mission. Loin d'éteindre l'incendie, ils l'attisent ;
« font fusiller ou noyer les Vendéens armés qui viennent
« leur remettre les armes ; plus de vingt mille femmes
« et enfants qui avaient été épargnés par les colonnes
« républicaines, périssent par leurs ordres. Un arrêté
« impolitique, qui obligeait tous les habitants qui ne
« portaient pas les armes à s'éloigner à plus de vingt
« lieues du théâtre de la guerre, augmenta le nombre
« des mécontents et la force des rebelles. Enfin la

« Convention, après l'heureuse journée du 9 thermidor,
» ayant renversé les tyrans qui l'opprimaient ainsi que
« toute la France, les massacres et les incendies furent
« arrêtés ; mais il était trop tard ; à peine subsistait-il
« alors une habitation sur mille ; tout ce beau pays
« n'offre plus qu'un monceau de ruines....... »

J'ai tenu à citer toute cette partie du mémoire de Lofficial parce qu'on trouvera difficilement une peinture plus saisissante et plus vraie de l'état de la Vendée en 1795, et parce qu'en même temps, on appréciera l'impartialité et l'élévation des sentiments avec lesquels il condamnait les méfaits commis au nom de la République tout aussi bien que ceux commis au nom du Roi.

Un homme si franc, si carré dans ses appréciations, si ferme dans ses convictions démocratiques, mais en même temps si humain et si modéré, se trouvait tout naturellement désigné, après les services qu'il avait rendus à ses compatriotes de Vendée, pour aller avec ses collègues Ruelle, Menuau, Delaunay et Chaillon, leur porter des paroles de paix et de conciliation. C'était, en effet, une bien belle mission que celle des Représentants qui venaient, tenant à la main comme le rameau d'olivier, le décret d'amnistie de la Convention Nationale. Oui leur mission de pacificateurs était belle, mais leur tâche était terriblement difficile et épineuse : ils allaient se heurter à des obstacles de tous genres, et surtout à la mauvaise volonté évidente d'un tas de gens dans les deux partis, pour qui la guerre était une occasion de pêcher en eau trouble.

Au début ils ont à craindre l'animosité des Conventionnels Gaudin, Morisson, Bézard, Guyardin, Dornier, Auger, qu'ils vont trouver installés déjà dans le pays ; ces Représentants, envoyés dans l'ouest avant le 9 thermidor, partisans de la Terreur dont ils tiennent leus pouvoirs, ne voient pas d'un bon œil l'intrusion dans les affaires de leurs nouveaux collègues qui, eux, préconisent une politique de modération toute opposée aux traditions révolutionnaires jusqu'alors en vigueur. Aussi dès les premières séances, des froissements se produisent de part et d'autre qui donnent lieu à de violentes altercations, et Lofficial nous dit qu'il lui faut pour sa part une forte dose de patience pour ne pas rompre ouvertement avec les plus intransigeants d'entre eux.

C'est là d'ailleurs, une des moindres difficultés qui les attendent ; le point capital, ce sont les Royalistes ; et à cette époque la situation générale du parti est celle-ci : Il commence à régner dans les rangs de l'armée catholique et royale un profond découragement et un besoin impérieux chez le paysan de rentrer dans son Bocage, de se terrer dans ses genêts, de reprendre enfin les travaux des champs si longtemps délaissés.

La déroute de Savenay a détruit beaucoup de monde, les principaux chefs Delbée, Cathelineau, Bonchamp, Larochejaquelein, sont morts en combattant. Seuls Charette dans le Marais, Sapineau dans le Bocage, Stofflet dans le Haut Poitou, tiennent encore la campagne avec quelques partisans résolus, mais ils ont besoin d'user de tout leur ascendant sur les hommes, de surexciter leur fanatisme religieux, pour empêcher les désertions chaque jour plus fréquentes ; les rangs, malgré tout, commencent à s'éclaircir.

Le pays est cependant loin d'être pacifié ; des bandes d'aventuriers, venus on ne sait d'où, le sillonnent en tous sens et se livrent aux pires brigandages, se faisant vendéens pour le besoin de la cause ; en réalité, le fonctionnement de toute administration régulière est impossible à l'intérieur.

Il n'y a plus de véritables batailles comme au temps de la grande guerre, mais il ne se passe pas de semaine sans qu'on entende parler de quelque escarmouche meurtrière.

La Convention avait bien essayé de calmer un peu l'agitation des paysans en faisant répandre dans l'Ouest, en juin 1794, une proclamation des Agents de la Commission d'Agriculture et des Arts, où on leur disait :

« La République ne composera jamais avec les brigands,
« mais aussi elle sera constamment indulgente pour des
« hommes qui ont été séduits ou entraînés par la violence.
« Nous savons qu'un très grand nombre ne respire
« qu'après la paix et la tranquillité, qu'ils abandonne-
« raient les scélérats qui les retiennent par la terreur,
« s'ils ne craignaient de trouver la mort parmi leurs
« frères..... Le moment actuel est favorable pour
« montrer votre repentir et obtenir grâce. Nous
« sommes chargés de l'exécution d'arrêtés du Comité de
« Salut Public, relatifs aux récoltes de la Vendée. Ils
« portent qu'on prendra le dénombrement des habitants

« qui se feront inscrire pour travailler aux moissons et
« qu'on leur laissera des vivres..... Rentrez donc avec
« sécurité dans vos foyers, remettez-nous vos armes, et
« nous vous donnons l'assurance la plus positive que
« vous ne serez point inquiétés. »

Cet appel au désarmement et à la conciliation n'avait
pas eu d'écho, il ne faisait pas l'affaire des meneurs du
parti royaliste et ceux-ci s'empressaient de répondre :
« Français, serez-vous assez aveugles pour nous croire
« capables de nous laisser abuser par votre montrueuse
« hypocrisie..... Vos brigandages et vos déprédations
« vous ont ôté les moyens de subsister, et vous voudriez,
« par une noire supercherie, user de nos bras pour
« envahir nos moissons. Détrompez-vous, vous ne les
« trouverez que pour la punition de vos crimes. »

Comme on le voit, l'accueil fait aux premières ouvertures n'était pas engageant. Cependant on se serait
trompé étrangement si l'on avait conclu de là que tous
les Vendéens étaient buttés dans un parti-pris de lutte
à outrance ; ainsi, à l'époque même où le Comité des
Armées royalistes publie la protestation précédente,
Béjarry, lieutenant de Charette, écrit une lettre bien
caractéristique au citoyen Masson, membre de la Commission municipale de la Jaudonière « où il propose aux
« habitants de la Jaudonière et paroisses circonvoisines,
« un accommodement afin que tous, de l'un et l'autre
« parti, puissent retourner dans leurs foyers, et par là
« mettre fin aux massacres et à la guerre. » Pour
s'expliquer le ton de conciliation de la lettre de Béjarry,

il faut savoir que les armées royales commençaient à manquer complètement de munitions pour se battre et d'argent pour en acheter. C'est en vain que Charette a fait appel à la bourse des princes émigrés, car il fallait absolument trouver des ressources pour se maintenir sur le pied de guerre ; on ne se bat pas seulement à coups de proclamations ; les princes ont fait la sourde oreille, et ont promis un appui purement moral.

La situation des armées catholiques était donc loin d'être aussi brillante alors, que l'ont affirmé quelques historiens. Les généraux de la République ont pu avoir toutes les peines du monde à s'approvisionner dans un pays totalement ruiné, dont ils s'étaient aliéné les habitants par leurs sanglantes représailles. Mais leurs adversaires, eux, ne pouvaient plus fournir aux paysans de la poudre et des balles, et, quant à de l'argent, le papier-monnaie que les chefs mettaient en circulation sous forme de bons revêtus de leurs signatures, jouissait d'un discrédit complet dans les campagnes où, de tout temps, l'on a donné la préférence, en fait de monnaie, aux espèces sonnantes et trébuchantes.

S'il en avait été autrement, pourquoi Charette, après les traités de la Jaunaie, se serait-il empressé de demander des provisions de poudres aux commissaires de la Convention ? Pourquoi aurait-il écrit à Lofficial « que le général « Canclaux, (qui commandait alors en chef les armées « républicaines dans l'ouest), avait trouvé bon de lui « faire délivrer des poudres », et il ajoutait : « Je « finissais par vous prier d'observer que le moment pour

« cette délivrance est urgent. En effet, dénué de cette
« munition, quelles forces pourrais-je opposer à Stofflet,
« s'il repassait la Sèvre, si, après s'être recruté peut-être
« dans l'armée du centre, il venait à se porter sur moi.
« Il en faut d'ailleurs pour le service de la police, pour
« le maintien de la tranquillité et de la sûreté publique.
« Pesez, Représentant, les considérations et donnez vos
« ordres. »

Quels que soient les prétextes dont le général Vendéen
ait coloré sa demande de poudres, quel que soit l'usage
auquel il les destinait, en dépit de ses protestations
pacifiques, il est indéniable que Charette fut obligé de
recourir à la générosité des républicains pour s'en
procurer.

La position de Stofflet était-elle meilleure ? Nous pouvons
en juger par le rapport d'un adjudant de sa cavalerie fait
prisonnier à l'affaire de Montglonne (Saint-Florent-le-
Vieil) 22 mars 1795. Ce rapport a été transmis par
Lofficial au Comité de Salut Public. « Stofflet a mis
« en réquisition tous les hommes du pays qu'il occupe
« depuis l'âge de dix-sept ans jusqu'à quarante-cinq ans ;
« malgré cette presse, à laquelle tous les cultivateurs se
« refusent, il ne pourrait effectuer tout au plus que
« sept à huit mille hommes, dont six mille à peine
« armés. Il manque absolument de poudre. Le jour de
« l'attaque de Monglonne, il n'avait fait distribuer que
« deux cartouches à chacun de ses hommes et leur avait
« annoncé qu'ils ne seraient pas obligés de se battre. »
Voilà où en étaient les Rebelles, comme on les appelait

alors, au moment où les Conventionnels se réunirent à Nantes, pour aviser aux moyens de faire pénétrer les décrets d'amnistie dans les contrées les plus reculées de l'ouest.

A Nantes, où l'on tremblait encore au seul nom de Carrier, le peuple attendait monts et merveilles de cette amnistie proclamée solennellement sur le front des troupes. « Nous n'allons plus manquer de pain, s'écriaient « les Nantais, nous ne serons plus réduits à la demi-ration; « nous ne verrons plus les brigands venir enlever à « notre barbe, les convois de subsistances destinés à « notre ville. » Ils ne disaient pas comme le peuple de Paris, le 6 octobre 1789 : « Nous ne mourrons pas de « faim, nous avons avec nous le boulanger, la boulan-« gère et le petit mitron ! » mais ils pensaient : Nous « avons parmi nous les Commissaires de la Convention, » il faudra bien qu'ils trouvent moyen de nous nourrir. »

Si, après cela, les Représentants n'avaient pas obtenu la cessation des hostilités et assuré l'arrivage à Nantes des denrées nécessaires à l'alimentation, ils auraient eu tout à craindre de l'exaspération des habitants. L'un d'eux écrivait à Lofficial, le 2 floréal : « Ruelle fut dernière-« ment à la Société Populaire ; on l'interpella sur les « conditions de la paix de la Vendée ; on lui demanda « pourquoi : 1° ceux qui avaient suivi les troupes répu-« blicaines ne pouvaient pas aller chez eux sans « s'exposer à être assassinés. 2°, pourquoi les insurgés « venaient-ils à Nantes, emportaient-ils ce qui était à « leur convenance, et que nous ne pouvions rien avoir

« de la Vendée. A quoi ton collègue a fort mal répondu,
« ce qui a irrité toute la société ; il a été presque hué ;
« il s'est tenu même des propos indécents. Tâche, mon
« ami, de venir ici quelques jours pour rassurer les bons
« citoyens et en imposer aux factieux. On disait derniè-
« rement et tout haut que Pomme, l'Américain du
« Languedoc, s'est en allé pour éviter de rendre justice
« et d'être témoin de la misère publique. Donne-nous
« de tes nouvelles, où en es-tu avec Stofflet ? »

Cette lettre en dit long sur l'état de fermentation des
esprits ; nous verrons du reste, par le journal de Lofficial,
que Nantes a été l'objet des préoccupations constantes
des Représentants pendant leur mission.

Ceux-ci débutent par un acte de bonne politique en
tirant des prisons les nombreux otages de la Terreur,
destinés à l'échafaud ou aux noyades de Carrier.

Feuilletons les registres de leurs arrêtés, nous trouvons la mise en liberté de la veuve du général Bonchamp,
du curé de Fay, des religieuses détenues au Bon Pasteur,
de quarante détenus à la prison de Paimbœuf, de
madame Walsh, de mesdames Victoire, Félicité, Elisa-
beth et Flore de Bellabre, de Aimée et Charlotte Sapineau,
de Jean Butot de Carcourt ; enfin d'une quantité d'autres
noms moins connus. Tous ces gens vont rentrer chez
eux et répandre dans le pays la nouvelle des mesures de
clémence prises par la Convention.

Après ce premier pas vers la conciliation, restait à
arrêter la ligne de conduite que l'on suivrait à l'égard
des Vendéens pour obtenir un désarmement général.

S'adresser directement aux populations des campagnes et faire publier à son de trompe les décrets d'amnistie dans les moindres villages, ne paraissait pas un procédé bien heureux après l'échec de la Commission d'Agriculture, ni d'une exécution très pratique, car il aurait fallu appuyer cette proclamation d'une démonstration militaire. Or, le général Canclaux ne pouvait disposer que d'un effectif très restreint, il en donnait lui-même le détail : les trois divisions de l'armée, qui occupaient le pays sur la rive droite de la Sèvre, ne montaient qu'à seize mille hommes, sur lesquels trois mille étaient indisponibles par suite de maladies, blessures, et autres motifs ; trois mille avaient été détachés sur la rive droite de la Loire, pour protéger Angers et Baugé ; il n'avait donc, en réalité, que dix mille hommes de troupes mobilisables, ce qui n'était pas suffisant. Enfin il était clair qu'on n'obtiendrait jamais le désarmement des paysans tant que Charette et Stofflet prêcheraient la guerre sainte. Restait alors un parti à prendre : essayer de négocier avec les chefs eux-mêmes.

Mais lequel d'entre eux sera le plus abordable ? Lequel se trouve dans une situation assez précaire pour admettre la possibilité de traiter avec la République ? On ne s'adressera pas à Stofflet, le garde chasse fanatique des marquis de Colbert, on n'obtiendrait rien de ce paysan sans éducation, sans instruction, de ce chef à idées étroites, qui se laisse entièrement dominer par l'astucieux Bernier, curé de St Laud. Auprès de Charette on aura plus de chances. Personne ne l'ignore, Charette est mécontent des princes, il est à couteaux tirés avec Stofflet et se bat pour son propre compte dans le Marais, sans s'inquiéter autrement des décisions du Conseil supérieur de l'armée d'Anjou et Haut Poitou.

Charette, c'est le chef intelligent des guérillas vendéennes, c'est le beau chevalier aimé des dames qui, sous l'étiquette de défenseur du Trône et de l'Autel, a conservé tout le scepticisme élégant des seigneurs de l'ancienne cour. Si l'on flatte sa vanité, si on lui fait entrevoir la possibilité de jouer le rôle de pacificateur de la Vendée, en un mot, si on endort ses scrupules, on obtiendra beaucoup de lui, on l'amènera à accepter les décrets de la Convention. Son exemple sera suivi par les principaux officiers des armées royales. Stofflet se trouvera isolé dans sa résistance, réduit peut-être un jour, lui aussi, à traiter ; enfin, Charette est à bout de ressources ; le moment psychologique est venu de lui faire les premières ouvertures.

La grosse difficulté était de trouver un intermédiaire qui pût remplir les conditions voulues pour se charger de cette mission, en somme fort délicate, et qui surtout, consentît à prendre l'initiative des pourparlers à ses risques et périls, bien décidé à endosser toutes les responsabilités en cas d'insuccès. Car, tout en désirant arriver à une solution satisfaisante, les Représentants ne pouvaient compromettre leur dignité par une démarche maladroite : le Comité de Salut Public, qui leur avait tracé une ligne de conduite dont ils ne devaient pas se départir; et qui conserva toujours la haute main dans la direction des affaires en Vendée, ne l'aurait pas permis. Pour s'en convaincre, il suffit de lire l'arrêté du 23 nivose an III, 12 janvier 1895, qui se termine par cette phrase :

« Les Représentants du peuple et les généraux main-
« tiendront plus que jamais la discipline la plus exacte
« dans l'armée qu'ils viennent de réorganiser ; *la dignité*
« *de la République française servira de base à la*
« *générosité nationale et de modérateur à l'indulgence*
« *de la Convention envers les Rebelles.* Les Membres
« du Comité de Salut Public : Cambacérès, Boissy,
« Carnot, Pelet, Guyton, Chazal. »

Un homme vint alors, de sa propre initiative, trouver le député Ruelle, et lui offrir sa médiation auprès de Charette. Cet homme se nommait Bureau Labatardière, ancien magistrat de la Chambre des Comptes de Bretagne ; il avait échappé par miracle aux poursuites de Carrier, pendant la Terreur, était resté longtemps caché dans les rochers de la côte du Croisic, et n'avait reparu à Nantes qu'après le 9 thermidor. Sans opinions politiques bien tranchées, il était de ces gens honorables qui parcouraient depuis quelque temps le pays pour faire entendre des paroles de paix dans les deux partis, n'ayant qu'un but : obtenir des garanties de tranquillité pour permettre aux habitants paisibles de rentrer dans leurs foyers. Il s'était ménagé des intelligences dans le camp de Charette et avait conçu l'espoir de se créer un rôle politique en négociant le premier, un rapprochement entre le général et les Représentants..... Il a pleinement réussi, et c'est à sa sincérité, à la franchise de son attitude, qu'il a dû son succès auprès de Charette. Le général a d'ailleurs témoigné hautement sa sympathie pour Bureau lorsqu'il a écrit aux Représentants : « Je dois « encore vous remercier du choix heureux que vous avez « fait du C. Bureau pour remplir vos missions auprès « de moi. Son esprit liant, ses talents, l'ont rendu « singulièrement aimable à chacun de nous. Si j'osais « vous prier de continuer à vous servir de sa médiation, « j'en aurai particulièrement la plus grande satisfaction. »

Il ne faut pas conclure du rôle joué par Bureau Labatardière, qu'il s'est rendu au camp Vendéen muni des pleins pouvoirs des Conventionnels. Sa démarche au contraire, n'a eu, en principe, aucun caractère officiel ; Ruelle, seul, lui a donné des instructions précises, sous sa propre responsabilité ; ce dont ses collègues l'ont vivement blâmé, du reste, prétendant qu'il avait compromis la dignité de la mission en se mettant aussi directement en rapport avec les Rebelles. Pourtant, si Ruelle ne s'était pas un peu avancé en employant Bureau Labatardière, s'il s'était contenté de prendre de loin, comme les autres commissaires, des arrêtés pour assurer la cessation des hostilités, jamais la Vendée n'aurait désarmé. La Convention lui a donné pleinement raison lorsque le 3 mars, elle a accordé à Bureau les honneurs de la séance.

Sans vouloir étudier la Pacification de la Jaunaie, à un point de vue purement psychologique, nous pouvons dès maintenant, analyser l'état d'âme des principaux acteurs du drame. D'abord, dans les deux partis, royaliste et

républicain, la note dominante est une immense lassitude.
Joignez à cela dans le camp royaliste, des dissentiments profonds et une sourde jalousie, qui rendent entre Charette et Stofflet la situation de jour en jour plus tendue ; le respect humain seul, les empêche de s'entregorger. Personne ne l'ignore. Lofficial écrit à Delaunai le 16 nivôse : « Le citoyen Bureau nous a assuré qu'il y
« avait une grande division entre eux, que Stofflet était
« destitué, mais que les contrebandiers, déserteurs, et
« autres mauvais sujets, qui s'étaient particulièrement
« attachés à lui, parce qu'il autorisait leurs brigandages,
« ne veulent pas l'abandonner, les armées de Charette et
« de Sapineau ont ordre de marcher contre lui ; ces
« démêlés ne peuvent qu'être avantageux à la Répu-
« blique. »

Chez les Républicains, une nécessité s'impose : donner satisfaction à l'opinion publique, dont le courant est à la paix ainsi qu'à tous les patriotes réfugiés, exaspérés par le masssacre de leurs parents, par le pillage de leurs biens, impatients de rentrer dans leurs foyers, de relever leurs maisons en ruines.

Le désir aussi d'en finir avec une guerre intérieure, qui mine le prestige de la Convention et l'oblige à entretenir dans l'Ouest, une armée qu'elle emploierait plus utilement à la défense de nos frontières menacées.

Ils obéissent encore à une autre considération d'un ordre tout matériel, la disette de fourrages pour la cavalerie, de blé et de bêtes à cornes pour l'approvisionnement des armées et des grandes villes. « Ici, vous

« souffririez la faim, écrit-on de Paris à Lofficial, le 28
« floréal (17 mai), et vous verriez bien des infortunés
« tomber dans les rues, de faiblesse et de besoin. Les
« denrées sont dans cette commune à des prix si excessifs
« qu'il faut avoir une grande fortune pour y atteindre. »
Ce qui était vrai pour Paris l'était pour Nantes,
pour toutes les grandes villes de France, pour les armées
de la République. Aussi la Convention avait-elle un
intérêt direct à rétablir l'ordre, à faire renaître la prospé-
rité dans cette Vendée si propice à l'élevage du bétail, à
la culture des céréales. Lofficial l'indique dans son
rapport : « Comme s'il pouvait jamais résulter un bien
« réel de la dépopulation et de la ruine d'une des plus
« riches contrées de la République, qui pouvait alimenter
« en bœufs gras toutes nos armées et Paris ; denrée
« précieuse, dont nous avons été privés si longtemps et
« dont nous n'avons pu nous procurer une partie de ce
« qui nous était nécessaire qu'en faisant passer à nos
« voisins, les Suisses, une grande masse de numéraire. »
Maintenant, que nous savons ce que pensaient Vendéens
et Conventionnels, quand ils se donnaient rendez-vous
sous la tente, à la Jaunaie, pour débattre les conditions
du traité de paix, précisons la question fondamentale
qui a servi de base à l'ensemble du traité, la clause
primordiale après laquelle toutes les autres ne pouvaient
avoir qu'une importance secondaire. Cette clause primordiale, cette question fondamentale, ce fut la reconnaissance
officielle du gouvernement de la République par Charette
et par les chefs Vendéens. Bureau Labatardière leur avait

fût accepter cette idée en principe ; restait à la matérialiser,
à la préciser, d'un commun accord, pour lui donner un
caractère d'absolue authenticité. C'est ce qui eut lieu à la
Jaunaie les 24, 25, 26, et 29 pluviôse. Nous en avons
pour preuve une déclaration signée le 29 pluviôse (17
février) par Charette, Fleuriot, Coëttu, Sapineau, de
Bruc, Guérin aîné, Caillaud, de Foignard Cogné,
Lépinay, Sauvaget, Baudry, Guérin jeune, de Béjarry, de
Bruc jeune, Rodhomme, Bejeau de la Robrie, Bousseau,
Bossard le jeune, Auvinet fils aîné. Cette déclaration se
termine ainsi : « Et c'est dans ces sentiments que nous
« déclarons solennellement à la Convention Nationale et
« à la France entière, nous soumettre à la République
« française une et indivisible ; que nous reconnaissons ses
« lois, et que nous prenons l'engagement formel de n'y
« porter aucune atteinte et de ne jamais porter les armes
« contre la République. » Même déclaration fut signée à
Cholet le 10 germinal suivant par Berrard, Rostaing,
Monnier, Luillier, Pereire, Legeay, Germain, Bey,
Desormeaux le jeune, lieutenants de l'armée de Stofflet,
et par Stofflet lui-même. Ils n'ont pas craint d'ailleurs,
d'affirmer à nouveau leur adhésion, lorsque dans la
protestation du 21 prairial, Charette, Sapineau, de Bruc,
Fleuriot, Coëttu, Stofflet et Bernier se sont exprimés en
ces termes : « Soumis aux lois de la République, en
« vertu des arrêtés que vous avez pris et des délibéra-
« tions que nous avons faites, nous adhérons avec toute
« la confiance possible aux mesures d'exception que
« vous croirez devoir prendre de concert avec les Membres
« du Comité de Salut Public. »

Voilà les expressions propres dont se sont servis les Vendéens ! J'ai tenu à les mettre sous les yeux du lecteur, parce que la valeur de leurs déclarations est indiscutable, et que ce sont ces déclarations mêmes qui ont servi de base à toute la politique suivie par les Représentants pendant la durée de leur mission. Quant à la question, infiniment délicate, de savoir si Charette, Stofflet, et les autres, ont été de bonne foi au moment où ils ont consenti ces conditions, je veux croire qu'ils ont agi loyalement, et que plus tard seulement, lorsqu'ils ont repris les armes, ils ont cédé à la nécessité du moment, à la force des circonstances ou plutôt à l'appel désespéré de leurs princes. Car s'il en était autrement, si dans le camp royaliste on n'avait traité que pour gagner du temps, on aurait beau colorer la reprise des hostilités de tous les prétextes imaginables, et rejeter sur les généraux républicains tous les torts qui ont amené la rupture, l'histoire aurait le droit de se montrer sévère à l'égard des Vendéens signataires des conventions de la Jaunaie.

De leur côté, les Représentants ont si bien compris la valeur morale de l'engagement qu'ils voulaient obtenir de leurs adversaires, qu'ils ont fait tout au monde, dans la mesure de leurs pouvoirs, pour les décider à traiter. Ils ont fait preuve d'une extrême modération en débattant les conditions, sacrifiant les questions d'amour propre pour ne s'attacher qu'au point important, à la reconnaissance du gouvernement établi. Leur raisonnement était celui-ci : le jour où les Vendéens auront signé, ils deviendront les prisonniers sur parole de la

constitution républicaine, et la pacification sera assurée
dans un avenir plus ou moins éloigné. — Examinons en
effet, les principales clauses du traité de la Jaunaie, nous
verrons que, tout en s'inspirant du décret de frimaire,
les négociateurs lui ont donné une interprétation aussi
large que possible. pour en rendre l'acceptation moins
pénible aux nouveaux ralliés. C'est ainsi qu'on n'a élevé
aucune objection sur la question du libre exercice du
culte catholique en Vendée, qu'on a promis le remboursement aux frais de l'Etat, des bons émis par les chefs
des armées royalistes, qu'on a créé des gardes territo-
riales pour permettre aux paysans de satisfaire aux
exigences du service militaire sans quitter le sol natal.

Toutes les fois que les Représentants ont pu faire des
concessions qui ne fussent pas préjudiciables à la sécurité
de l'Etat, ils n'ont pas hésité à les faire et n'ont pas cru
outrepasser leurs pouvoirs en agissant ainsi.

Lorsqu'au contraire, certaines prétentions leur ont
paru dangereuses ou bien illégales, comme par exemple,
l'évacuation totale du pays insurgé par les armées
républicaines, ou encore la suppression de toute contribution pendant dix ans, ils les ont nettement repoussées
dans des termes qui n'avaient rien d'ambigu. Et voilà où
le journal de Lofficial présente un intérêt tout nouveau ;
c'est qu'il va nous fournir des renseignements précis sur
les questions qui ont été débattues et qu'il rapportera,
de point en point et dans leurs moindres détails, les
pourparlers qui ont précédé la signature du traité. Tout y
est clair ; les articles sont discutés, un à un, avec une

netteté qui rend impossible toute fausse interprétation.

Les détracteurs de la pacification ne pouvant pas, à leur grand regret, s'attaquer au texte officiel du traité de la Jaunaie, ont alors cherché un autre moyen de justifier aux yeux des royalistes, la soumission de Charette et des Vendéens ; ils n'ont trouvé rien de mieux que de prétendre à l'existence d'un certain nombre d'articles secrets consentis par les Conventionnels. D'après eux, ces articles auraient stipulé la promesse formelle de rétablir Louis XVII sur le trône de ses pères. Or, cette allégation parait bien peu soutenable lorsqu'on suit, pas à pas, dans le journal de Lofficial, la marche des négociations, lorsqu'on prend connaissance de toutes les lettres qui ont été échangées entre les parties intéressées, parce qu'on se rend compte que l'état d'esprit et la situation respective des signataires du traité rendaient impossible le secret d'aucune des clauses.

Comment en effet admettre qu'au lendemain du règne de la Terreur, lorsque la puissance du Comité de Salut Public était encore absolue et incontestée dans la France entière, lorsque la Convention venait de s'éveiller de sa torpeur pour renverser Robespierre et tenir tête aux sections ameutées, quelques députés chargés d'une mission dans l'ouest, se seraient permis de parler aux Royalistes, de la possibilité d'une restauration monarchique ; comment admettre surtout que ces derniers auraient été assez naïfs pour les croire ? Supposons pour un moment, que quelques-uns des représentants, délégués en dernier lieu, auraient eu un instant cette pensée, est ce que leurs collègues, les anciens, si opposés en principe aux mesures de clémence, n'auraient pas poussé les hauts cris et ne se seraient pas empressés de les dénoncer au Comité de Salut public? Et le Comité lui-même, composé d'hommes comme Carnot, Cambacérès, Boissy d'Anglas, croyez-vous qu'il eût toléré de pareilles négociations et fourni des armes aussi dangereuses à des ennemis soumis de la veille?

Non, Crétineau, Joly, l'abbé Deniau, et les autres historiens qui se sont fait l'écho de ces allégations absurdes, n'ont pas du tout compris quel était l'état des esprits en Vendée en 1793. D'ailleurs, lorsqu'on écrit l'histoire et qu'on se trouve en présence d'un fait politique contesté, on doit rechercher les causes déterminantes de ce fait, on doit se demander à quel mobile ont pu obéir ses auteurs, quels avantages ils ont pensé en retirer; et, à défaut de preuves matérielles absolues, on acquiert la certitude morale de son existence. Lorsqu'au contraire, le fait contesté n'a aucune raison d'être, qu'il n'eût été d'aucune utilité aux parties intéressées, et lorsqu'il se trouve plutôt en contradiction avec les sentiments des acteurs du drame, il y a tout lieu de conclure qu'il a été créé par la légende pour le besoin de la cause.

C'est le cas pour les clauses secrètes du traité de la Jaunaie. D'abord, on n'a jamais pu établir d'une façon positive, avec documents à l'appui, qu'elles ont existé; ensuite en ne voit pas bien quel intérêt pouvaient avoir Charette et Stofflet à recevoir tout bas de vagues promesses de restauration monarchique, du moment qu'ils enchaînaient tout haut leur liberté d'action par un serment solennel de fidélité à la République, et qu'ils se livraient pieds et poings liés en s'engageant à licencier leurs troupes.

J'ai eu beau fouiller avec le plus grand soin les moindres notes de Lofficial, nulle part je n'ai trouvé trace des clauses secrètes que je m'expliquerais mal, du reste, étant donné le caractère tout d'une pièce du Représentant. Le ton de franchise de son journal et de ses lettres, ses opinions républicaines bien connues, l'intransigeance de ses principes, l'élévation de ses sentiments, rendent difficilement admissible sa participation à de basses compromissions. Je me sers intentionnellement de cette dernière expression parce qu'elle n'est pas trop forte pour qualifier le fait de trahir un gouvernemement qui vous a investi de sa confiance.

La légende des clauses secrètes se répandit à Paris peu de temps après les traités de la Jaunaie ; colportée et amplifiée par la malveillance des ennemis de la Convention, elle était déjà considérée à cette époque par les gens sérieux comme un canard politique de grande envergure. On en peut juger par une lettre du citoyen Laruaz à Lofficial portant la date du 18 floréal an III (7 mai). « J'ai reçu, citoyen et ami, la lettre que vous « m'avez fait l'amitié de m'écrire, laquelle me donnait « des détails satisfaisants sur la Vendée et l'espoir d'une « Pacification prochaine avec les mécontents. Je vous « remercie de votre complaisance à me donner des « renseignements à ce sujet, que divers rapports faits

« successivement à la Convention ont confirmés ; néan-
« moins, malgré cette certitude, des malveillants versent
« sur le traité passé avec les Vendéens un ridicule doute
« qui prend faveur chez divers individus et même dans
« la classe du peuple ; les articles secrets sont pour eux
« d'un grand poids : vous savez qu'il n'en faut pas
« davantage pour faire fortune dans l'esprit des oisifs et
« des amateurs de nouveautés, tel cher qu'il leur en
« coûte. »

En recueillant ces faux bruits, les historiens royalistes
n'ont eu qu'un but : innocenter les généraux vendéens,
coupables, aux yeux de leurs partisans, d'infidélité
envers le Roi. C'est le même sentiment qui les a portés à
dénaturer le caractère nettement patriotique de l'entrée
triomphale de Charette à Nantes et à atténuer la portée
de cette manifestation toute populaire. Aussi suis-je très
heureux de pouvoir reproduire le compte-rendu publié le
lendemain même de la fête, 10 ventose an III (28 février 1795), par la *Feuille Nantaise*. On trouvera difficilement une description plus prise sur le vif de cette
journée extraordinaire.

« Malgré les odieuses menées de la malveillance et
« les espérances coupables des méchants, la paix est
« assurée dans nos trop malheureuses contrées. Les
« habitants de la Vendée reconnaissent la République ;
« leurs chefs viennent d'en prêter le serment entre les
« mains des Représentants du Peuple. Des jours plus
« heureux vont enfin luire sur notre cité et notre
« bonheur fera encore le supplice de ces hommes pervers

« pour qui la félicité publique est un tourment. Stofflet
« et trois divisions de ce qu'on appelait l'Armée d'Anjou
« ne se sont pas encore rendus, mais que cela n'inquiète
« point les bons citoyens ; Stofflet et le petit nombre
« d'hommes qu'il commande ne pourront pas plus résis-
« ter aux accents de la persuasion, qu'ils ne pourraient
« braver impunément notre courage et la force de nos
« armes, dont la puissance vient encore de s'accroître
« par la sincère réunion de nos frères de Vendée à nous.
« Le discours que l'un des chefs de la Vendée a adressé
« aujourd'hui aux Représentants est déjà une preuve
« non équivoque de cette heureuse union. »

DISCOURS

PRONONCÉ AU NOM DES CHEFS & DES HABITANTS DE LA VENDÉE

en présence des Représentants du Peuple

AU CAMP, près Nantes

CITOYENS REPRÉSENTANTS,

« En nous rappelant au sein de la patrie commune à
« tous les Français, en rendant la paix et le repos à des
« contrées affligées si longtemps par les horreurs de la
« guerre civile vous avez acquis les titres les plus
« flatteurs à la reconnaissance publique ! La nôtre sur-
« passe encore, s'il est possible, et nous n'oublierons
« jamais que, sous cette tente, où se sont traités des
« intérêts si majeurs et si puissants, vous vous êtes
« montrés constamment les amis de la justice, de l'hu-
« manité, de la bienfaisance, et les soutiens de la gloire

« et de l'honneur de tous les Français, sans exception.

« Pour récompense de vos généreux efforts, venez

« parcourir nos cantons lorsque l'industrie, le travail,

« protégés par les lois et sauvegardés par la paix, auront

« effacé les traces de la guerre et réparé les maux qu'elle

« entraîne après elle ; l'image du bonheur qui aura

« remplacé le deuil qui les couvre maintenant, portera à

« vos cœurs l'annonce des bénédictions de tous les

« heureux que vous avez faits. » —

— « Après quelques heures de conférence, les Repré-

« sentants du peuple, les généraux de l'armée de l'Ouest

« et les chefs de la Vendée (parmi les chefs de la Vendée

« on a remarqué Charette, Fleuriot, Coëttu, Sapineau,

« Trotouin, Delarue), confondus ensemble, sont rentrés à

« Nantes à quatre heures du soir ; plusieurs salves

« d'artillerie ont annoncé leur entrée ; ils étaient précédés

« d'une musique militaire et d'un peuple nombreux ; des

« chasseurs des deux armées les accompagnaient. C'est

« en vain qu'on aurait voulu distinguer ceux qui naguère,

« étaient nos ennemis, on ne voyait plus qu'une foule

« de frères unis par la même cause et sous les mêmes

« drapeaux, se livrant aux transports qu'inspirait un si

« beau jour. Le plumet et la cocarde tricolores, gages

« impérissables de notre union, ornaient toutes les têtes ;

« la joie était dans tous les cœurs ; la cité entière reten-

« tissait d'allégresse, et des cris, sans cesse répétés de

« Vive la République ! Vive la Convention Nationale !

« Vive l'union ! — Un repas fraternel chez les Repré-

« sentants a terminé cette journée ; là, chacun s'est

« livré aux doux épanchements de la fraternité. »

Voilà le récit de la *Feuille Nantaise* : et nous nous figurons très bien cette entrée solennelle de Charette, avec, derrière lui, les Sapineau, les de Brue, les de Béjarry, toute l'élite de l'armée royaliste. Dans le groupe nous trouvons aussi le breton Cormatin, celui qui est venu négocier au nom des chouans, et qui rêve de faire à Rennes, la même entrée triomphale que Charette fait à Nantes. Si l'on veut connaître la personnalité du baron de Cormatin, il faut lire le récit de ses aventures de guerre et d'amour, dans un ouvrage très intéressant et très documenté, écrit par Welschinger. Il nous suffit à nous, qui étudions la pacification spécialement au point de vue Vendéen, de relever une analogie vraiment frappante entre les situations respectives de Charette d'une part, et de Cormatin de l'autre. Dans les armées de Bretagne comme dans celles de Vendée, de profonds dissentiments règnent parmi les principaux chefs, et Cormatin, se servant du prétexte de la pacification de la Bretagne pour substituer son influence à celle du comte de Puisaye, procède exactement comme Charette, lorsqu'il s'arrange pour reléguer Stofflet au second plan pendant les négociations de la Jaunaie.

On juge de la déception de Stofflet, lorsqu'il arriva en retard aux conférences et s'aperçut que toutes les questions importantes avaient été débattues sans lui ; qu'en un mot, on lui avait fait jouer le rôle d'un modeste comparse. Sa mauvaise humeur éclate, son amour-propre froissé se cabre et il s'entête à ne pas signer. Pour lui aussi bien que pour Charette, la paix est une nécessité inéluctable et d'ailleurs il n'a, au fond, aucune objection sérieuse à présenter aux clauses du traité ; mais c'est une bouderie d'enfant vexé, et, pour colorer d'un prétexte plausible son refus de signer, il invoque la nécessité de consulter ses troupes sur l'opportunité de la paix et demande un délai ; comme si lui, Stofflet, généralissime des armées royalistes, ne savait pas à quoi s'en tenir, mieux que personne, sur les dispositions de ses paysans, las de la guerre. Il n'ignore pas d'ailleurs, qu'il va au-devant d'un refus ; les Conventionnels ne peuvent absolument pas retarder la conclusion du traité, car le peuple de Nantes est aux portes qui attend impatiemment la proclamation de la paix.

La demande de délai a donc été repoussée et Stofflet est reparti comme un furieux, l'injure à la bouche. Cette rupture fût une grosse maladresse de sa part, car elle eût pour résultat immédiat de créer une situation sans précédents dans l'histoire de cette Vendée si respectueuse du principe d'autorité, si confiante dans l'infaillibilité de ses chefs. On vit tout à coup les deux armées catholiques, l'une commandée par Charette, l'autre par Stofflet, composées d'hommes du même pays, combattre sous deux étendards ennemis, et la rupture des deux généraux fût un fait accompli. Stofflet froissé dans son amour-propre à la Jaunaie, a épouvé en outre un vif dépit en voyant plusieurs de ses lieutenants le désavouer publiquement par leur adhésion aux traités. Il s'est décidé à user de représailles ; il a fait enlever dans leur camp, deux lieutenants de Sapineau, Martin aîné et Jean Lejeune, les a menacés de mort et a lancé des proclamations [1] où Charette était traité de traître à son Roi et à son pays. En réponse à de pareilles violences, ce dernier s'est empressé de combiner l'action de ses troupes avec celle de l'armée républicaine, pour marcher contre Stofflet l'ennemi commun. Ainsi, pendant que le général Canclaux prépare deux attaques simultanées, l'une au nord, le long de la Loire, se dirigeant sur St-Florent, Chalonnes et Chemillé, l'autre à l'est, par Saumur et Vihiers, Charette, lui, va remonter la Sèvre, la traverser, et pénétrer au cœur du pays. Une lettre, datée de son quartier général de St-Denis, le 7 mars 1795, fait foi de ses intentions : « Citoyens Représentants. — J'ai l'honneur

« de vous prévenir que je marche sur Stofflet et Launay,
« qui ont poursuivi le général Sapineau, pris et garotté
« plusieurs de ses officiers supérieurs, ont mis le quartier
« général au pillage, et ont volé au moins 100,000 livres,
« qui étaient à l'armée ; ma marche, comme vous voyez,
« Représentants, est très délicate ; aussi je vous promets
« de me conduire avec toute la sagesse possible et d'être
« le moins longtemps que je pourrai, afin de donner le
« moins de prise que faire se pourra aux malveillants.
« Salut et fraternité.

« Signé : CHARETTE. »

Or si l'on n'a pas vu ce fait monstrueux de deux armées Vendéennes s'entr'égorgeant inconsciemment au cœur

---

(1) Voir dans les pièces justificatives, les proclamations du 2, du 8 et du 24 mars.

même de la Vendée, c'est que le hasard seul en a décidé autrement.

Stofflet, au lieu de se porter sur Monglonne (St-Florent), à la rencontre d'Hédouville, n'avait qu'à se maintenir aux environs de Cholet ou bien à se rapprocher des bords de la Sèvre, pour mettre cette rivière entre lui et l'armée de Canclaux, et dans l'une ou l'autre de ces deux hypothèses, il est incontestable qu'il y aurait eu une collision sanglante entre ses troupes et celles de Charette; Charette ne lui aurait pas laissé franchir la rivière, et serait même allé le chercher au-delà. Mais Stofflet, écrasé à Montglonne, a couru se terrer dans ses fourrés impénétrables de la forêt de Vezins, et ce n'est pas Charette, avec ses bandes indisciplinées, habituées à une guerre toute spéciale dans le Marais qui pourrait l'en déloger ; il s'en est rendu compte et n'a pas tenté l'aventure. Seulement il faut désormais ranger au nombre des faits historiques incontestés, cette coalition des troupes républicaines avec les soldats de Charette, pour réduire Stofflet, dans le Haut Poitou.

Cependant la défaite de Montglonne avait porté un coup terrible au prestige de ce chef ; les désertions s'étaient multipliées ; il n'avait plus autour de lui que quelques vagabonds peu sûrs ; la lutte devenait impossible ; il fallut songer à traiter, et surtout en trouver l'occasion, car on ne traite pas de but en blanc avec des gens dont on a repoussé les premières avances. Heureusement une circonstance imprévue se présente. On apprend que les Chouans de Bretagne signent à la Mabilais, des conven-

tions analogues à celles de la Jaunaie ; voilà l'œuvre à
laquelle Cormatin travaillait depuis deux mois ! Vite
Stofflet dépêche là-bas ses lieutenants Forestier, Michelin
et Guignard aîné, pour se solidariser avec les Bretons et
obtenir les mêmes conditions qu'eux. Il se décide ensuite
à avoir une entrevue avec les Conventionnels dès qu'il a
reçu la lettre de Michelin et Guignard, en date du 20
avril, ainsi conçue :

« Nous nous empressons de vous informer de la
« pacification qui a été arrêtée et signée ce jour à la
« Mabilais, par les Représentants du peuple et les officiers
« réunis des Chouans ; nous n'avons pas cru devoir y
« accéder, parce que les pouvoirs, dont vous nous avez
» investis, étaient insuffisants, mais M. Forestier a
« déclaré à l'assemblée que vous lui aviez donné votre
« parole d'honneur d'adhérer à tout ce qui serait arrêté ;
« et c'est sur cette assertion que MM. les officiers des
« Chouans se sont déterminés à conclure. «

Les conditions auxquelles Stofflet se décidait à souscrire
étaient identiquemement les mêmes que celles qu'il avait
rejetées si dédaigneusement quelques semaines plus tôt
à la Jaunaie. On le traitait sur un pied d'égalité parfaite
avec Charette, sans accorder plus d'avantages à l'un qu'à
l'autre, et pourtant Charette s'était vu accuser de trahison
pour avoir le premier, osé s'aboucher avec les Commissaires de la Convention.

Stofflet est soumis à son tour : Les Représentants
depuis le commencement de leur mission, c'est-à-dire en
moins de quatre mois, sont arrivés à ce magnifique

résultat, de pacifier en entier les territoires de la Vendée et de la Bretagne ; des soulèvements partiels sont certainement à redouter encore, mais les principaux chefs sont maintenant désarmés, ils ont prêté serment de fidélité à la République ; il n'y a plus, à proprement parler, de rébellion ouverte et les généraux Canclaux, en Vendée, Hoche en Bretagne, sont en mesure, en occupant militairement les points stratégiques importants, de maintenir l'ordre dans tout le pays.

N'est-ce pas un succès aussi glorieux que la plus sanglante victoire, ce fait d'avoir triomphé, en si peu de temps et sans violences, des haines de parti et des préjugés séculaires. Ils ont obtenu par la douceur et la persuasion ce que le régime de la Terreur n'avait pu faire avec ses colonnes infernales et ses noyades de Nantes.

« Il n'est plus de Vendée ! » c'est par ces mots que débute la proclamation triomphante du 16 ventôse an III, et les Représentants justifient leur devise optimiste par la sollicitude avec laquelle ils s'attellent à l'achèvement de l'œuvre de pacification. On réorganise les moindres rouages de cette machine si délicate, qui s'appelle l'administration d'un pays ; de nombreux arrêtés assurent l'impunité aux anciens combattants des armées royalistes et permettent aux pauvres cultivateurs ruinés, poussés à la guerre par le désespoir, de rentrer chez eux, de relever leurs fermes incendiées, de reprendre la charrue, de cultiver les terres. Les municipalités de toutes les villes, de tous les bourgs, sont reconstituées, et ce n'est pas une besogne facile dans certaines localités livrées depuis trois ans à la plus complète anarchie ; on nomme comme administrateurs, des hommes connus pour leurs sentiments pacifiques et leurs opinions modérées.

Les patriotes réfugiés dans les départements voisins peuvent désormais reprendre, eux aussi, possession de leurs biens et de leurs demeures, sans craindre la vengeance des royalistes. Enfin, les Représentants insistent tout particulièrement auprès des commandants des troupes régulières, chargés d'occuper militairement le pays, sur la nécessité d'user des plus grands ménagements à l'égard des populations de l'Ouest, qui auront à supporter la lourde charge de l'occupation temporaire.

Lofficial écrit au général Canclaux : « Nos troupes « n'ont pas tenu ce que nous avions promis aux habitants « des districts insurgés, par notre proclamation. Nous t'in- « vitons à faire punir d'une manière exemplaire les auteurs « des pillages et les officiers qui les ont tolérés. Surtout « sois en garde contre ceux qui voudraient excuser ces « fautes. » — La nécessité de faire respecter avant tout la propriété, d'empêcher le pillage, et l'importance qu'on a attaché à cette mesure, dicte encore l'arrêté pris à Ancenis le 29 ventôse (19 mars).

« Tout militaire et tout individu à la suite de l'armée, « qui se livrera au pillage, sera puni de mort. — Tout « officier et sous-officier qui sera convaincu d'avoir eu « connaissance de ces délits et qui n'aura pris aucun « des moyens que les lois mettent à sa disposition pour « les réprimer, faire saisir et punir les coupables, sera « dégradé., etc. »

Dans cette pièce officielle ce qu'il y a à remarquer c'est l'esprit même de l'arrêté, c'est le sentiment qui s'en dégage et qui résume en quelques mots toute la politique des Commissaires de la Convention, vis-à-vis des populations Vendéennes. En même temps qu'ils font montre d'une intransigeance absolue en matière de discipline et pour tout ce qui a trait au maintien de l'ordre établi, ils se font une loi de traiter sur un pied d'égalité parfaite amis ou ennemis, tous redevenus citoyens égaux devant la loi; ils s'empressent de faire droit aux justes réclamations, aux intérêts lésés, réservant toutes leurs rigueurs pour les vagabonds, qui continuent à faire le coup de feu derrière les haies ou à écumer les grandes routes.

Le général Canclaux, après le traité de la Jaunaie, avait soumis aux Représentants un plan de campagne longuement élaboré, ayant pour but d'occuper militairement la Vendée dans son ensemble, afin d'assurer la Pacification dans les contrées les moins accessibles et d'activer le désarmement général des troupes royalistes. Son plan, adopté en principe, servit plus tard de griefs aux royalistes mécontents, quand ils jugèrent le moment venu d'essayer un nouveau soulèvement ; pour l'instant on commença à le mettre à exécution, tandis que les Représentants, de leur côté, se partagèrent la surveillance administrative de tous les territoires de l'Ouest. Lofficial prenait le district de Parthenai, la Chataigneraie et Bressuire ; Dornier, Cholet et Montglonne ; Menuau fut à Saumur, Vihiers et Thouars ; Morisson à Challans, Montaigu, la Roche-sur-Yon ; Gaudin s'occupa des

Sables, de Fontenay et des Iles ; Ruelle, de Nantes et de Clisson ; Chaillon, de Machecoul et de Paimbœuf ; enfin, Delaunai administra la commune d'Angers. — Le siège officiel de la mission était Nantes ; on y revenait sans cesse prendre langue, discuter avec les collègues tel ou tel arrêté important, puis ils repartaient et rayonnaient dans toute l'étendue de leur circonscription, s'évertuant à réparer les maux de la guerre civile, distribuant des secours en argent, activant le fonctionnement des pouvoirs publics, surveillant l'application des lois, courant partout où leur présence pouvait applanir une difficulté, en imposer aux mécontents. C'est qu'il fallait à tout prix calmer l'esprit encore très surexcité des paysans toujours sur le qui vive et peu au fait des nouvelles institutions républicaines, en même temps que surveiller les agissements des agents royalistes à l'affût de quelque soulèvement. On avait besoin quelquefois de l'appui de la force armée pour faire prévaloir les idées d'ordres, et Canclaux, appelé par les uns, appelé par les autres, faisait la navette d'un bout de la Vendée à l'autre, s'efforçant de ne pas rendre à l'habitant l'occupation militaire trop lourde.

Lofficial, dans son journal, raconte la tournée qu'il fit dans tout le pays dont il avait la surveillance, les incidents qui lui sont arrivés, les décisions qu'il eut à prendre : en le lisant, on se rend compte de l'état de névrosité maladive de toute cette population désarmée de la veille, auprès de laquelle il fallait une délicatesse de main extrême pour panser, sans la faire crier, ses plaies

encore saignantes, et le Conventionnel, en lui prodiguant ses
soins incessants, ne compte nullement sur une guérison
immédiate. On ne triomphe pas du jour au lendemain
d'une idée profondément ancrée depuis des siècles dans
le cœur des paysans fanatisés ; le temps seul peut
amener une modification complète de cet état de choses.
Les conditions du traité, elles-mêmes, souscrites en
faveur des Rebelles, sans aucune hésitation de la part
des Représentants, sont d'une application plus difficile
qu'on ne se l'est imaginé au début. « Nous ne pouvons
« nous dissimuler, écrit Lofficial à ses collègues, Dornier
« et Morisson, qu'il y a quelques articles dans nos
« arrêtés dont nous ne pouvons faire jouir Stofflet, sans
« le plus grand danger pour la chose publique, tels que
« ceux relatifs à la garde territoriale et ceux relatifs au
« remboursement de son papier-monnaie, qu'il a émis
« avec une profusion étonnante. »

Ils se trouvent partagés entre deux sentiments absolument opposés : d'une part le désir d'exécuter loyalement
et intégralement les conventions souscrites, et de l'autre
la crainte de livrer le pays à de nouveaux désordres, en
se relâchant des mesures de rigueur. Aussi n'applique-
t-on les nouveaux décrets qu'avec beaucoup de circon-
spection. Quant aux secours distribués dans le pays, la
simple énumération des sommes payées par la mission
(plus de 20 millions, Lofficial, pour sa part, a disposé
de plus de 30 mille livres), prouve qu'ils s'efforçaient de
remplir scrupuleusement les clauses du traité. S'il sur-
venait quelque difficulté dans la mise en vigueur de

certains arrêtés, ils étaient là, cherchant à concilier l'esprit des règlements avec les intérêts en jeu. Ainsi les jeunes paysans, en âge de servir sous les drapeaux de la République, n'avaient pas bien compris les dispositions du traité de la Jaunaie qui les dispensait du service. Et, dans la crainte d'être enrôlés de force, ils ne voulaient pas rentrer dans les fermes, et restaient à chouanner sur les grands chemins. Il fallait les rassurer, préciser les termes du décret.

Lofficial écrit alors aux administrateurs de Fontenay :
« Les jeunes gens de la réquisition des cantons insurgés
« ne peuvent être tenus de rejoindre l'armée. Vous
« voudrez bien en prévenir les districts qui vous sont
« subordonnés, afin qu'une fausse interprétation de
« l'arrêté du Comité de Salut Public du 4 floréal ne
« puisse être un prétexte à ceux des Vendéens, qui
« persistent encore dans la rébellion, de grossir leur
« parti ; qu'ils sachent que la Convention et ceux qu'elle
« délègue dans les départements, exécuteront fidèlement
« les arrêtés pris lors de la Pacification de la Vendée. »

Voilà qui donne une idée exacte de l'effort tenté par les Représentants pour remplir leurs engagements, en dépit des accusations de mauvaise foi, auxquelles ils ont été en butte de la part de leurs adversaires. Serai-je taxé de partialité, m'accusera-t-on de faire leur panégyrique si j'affirme qu'ils ont fait tout ce qu'il était humainement possible de tenter pour réussir ? Seuls des obstacles, supérieurs à la volonté humaine, les ont empêchés d'achever en quelques mois l'œuvre de la

Pacification ; après la signature du traité de la Jaunaie,
après la soumission de Stofflet et des Chouans, ils ont
pu croire à la possibilité du succès. Ils avaient compté
sans le parti pris de leurs adversaires. La désillusion n'a
pas été longue à venir ; on a été frappé bien vite de
l'attitude ambigue des Vendéens. L'official apprit que
« Stofflet, au retour de sa conférence avec les Représen-
« tants, avait dit, en déjeunant à St-Laurent, que jamais
« il ne consentirait à la paix à moins que l'on ne
« reconnut un Roi ; qu'il n'avait dessein que de les
« amuser, et qu'aussitôt qu'ils auraient renvoyé la
« majeure partie de leurs troupes, il tomberait sur eux ;
« qu'on lui avait offert deux millions pour accéder à ce
« que Charette avait fait, mais que l'honneur ne se
« vendait pas ; et le prêtre Suppiot, missionnaire de
« St-Laurent, avait fait un grand discours, dans lequel
« il avait étalé le mérite de Stofflet, son amour pour son
« Roy et sa religion, et qu'il ne se comporterait pas
« comme Charette et Sapineau, qui avaient lâchement
« abandonné la cause de la religion et du Roy, que
« jamais il ne consentirait à la paix. » Il a dit tenir ces
détails d'un témoin oculaire.

Des paroles aussi décourageantes ont elles eu pour
effet de modifier la conduite des Conventionnels ? Ont-
ils cessé pour cela de suivre la ligne impertuabrble
qu'ils avaient arrêtée d'un commun accord ? Nullement :
ils ont continué à agir franchement, ouvertement, avec
les Vendéens, comme ils devaient le faire au lendemain
de la conclusion de la paix ; s'ils ont eu un reproche à se

faire, c'est d'avoir été volontairement dupes de leur bonne foi, et, en pareil cas, le plus beau rôle était pour les dupés.

Lorsqu'après avoir consenti un contrat quelconque, on s'aperçoit que la partie adverse cherche, intentionnellement, à en éluder les clauses, on prend immédiatement les mesures de précaution dont on peu disposer, pour s'éviter des désagréments trop sérieux. C'est exactement ce que fit le Comité de Salut Public lorsqu'il comprit que le traité de la Jaunaie serait une trêve, jamais une paix sérieuse. Il recevait de ses délégués en Bretagne, Grenot et Bollet, les nouvelles les plus alarmantes. « Nous « venons, écrivaient-ils, d'ordonner l'arrestation de tous « les individus connus sous le nom de chef des Chouans « et leur incarcération au château de Ham, en Picardie. »
« En Vendée, Lofficial annonçait à ses collègues qu'il « avait la preuve écrite que du côté de la Flocellière, les « chefs des Vendéens faisaient des enlèvements de grains « pour le service de la troupe ; j'ai appris, écrivait-il, « qu'ils fabriquent du salpêtre avec beaucoup d'activité ; « ils offrent à nos volontaires jusqu'à 4 et 5,000 livres « pour les engager dans leur parti ; depuis vos arrêtés « du 29 pluviôse, ils ont fait des amas d'armes ; les « assassinats continuent, les rassemblements sont plus « fréquents, tout nous présage des hostilités prochaines. »
Alors, le 9 prairial (28 mai), le Comité de Salut Public prend un arrêté déclarant que « instruit que la pacifica » tion faite dans la Vendée et avec les Chouans, ne « produit pas encore dans les départements, l'heureux

« effet que la République était en droit d'en attendre ;
« que, dans plusieurs endroits, des brigands ont nommé
« de nouveaux chefs à la place de ceux qu'avaient
« traité, etc.... il arrête :

« Art. I^r. — Les arrêtés de pacification conclue dans
« la Vendée et avec les chefs des ci-devant chouans
« seront exécutés et toute contravention à ces arrêtés
« sera réprimée ; .

« Art. II — Les citoyens qui depuis la pacification
« auraient, autrement que par l'organisation que doivent
« faire les Représentants du peuple, en exécution des
« arrêtés, formé quelques corps ou rassemblements
« armés, ou accepté quelque titre ou grade dans ces
« corps, seront mis en état d'arrestation, poursuivis,
« jugés et punis comme rebelles à l'autorité légitime.

« Art. III — Ceux des anciens chefs des ci-devant
« Vendéens ou Chouans qui, au lieu de remplir les
« engagements de vivre soumis aux lois de la République
« une et indivisible, et de ne pas porter les armes contre
« elle, continueraient à prendre leurs anciens titres ou
« d'en exercer les fonctions, seront pareillement pour-
« suivis, jugés et punis comme les précédents. »

On peut s'imaginer l'effet énorme produit dans tout
l'Ouest par la publication du nouvel arrêté ; chez les
Royalistes ce fut un tolle général et les chefs se plaignirent
bien haut d'être l'objet de mesures vexatoires de la part
du gouvernement républicain, sans avoir rien fait qui
pût les justifier. A les entendre, s'il existait quelque
malentendu, c'était la faute des Conventionnels qui

n'avaient pas tenu les engagements stipulés lors de la pacification ; bref, ils se posaient en victimes de l'intolérance jacobine et criaient à l'injustice ; sans vouloir reconnaître qu'ils se montraient singulièrement intolérants, pour leur part, en refusant aux Représentants le temps normal de réaliser des réformes qui ne pouvaient s'accomplir du jour au lendemain. Enfin, ils prétendaient que cet arrêté portait atteinte à leur liberté en créant pour eux un régime d'exception essentiellement arbitraire.

On demanda qu'il y eut une nouvelle entrevue à la Jaunaie entre Vendéens et Conventionnels et les mécontents signèrent une protestation dont le caractère menaçant se dissimulait mal sous des phrases brûlantes de dévouement à l'adresse du gouvernement républicain. Mais l'étalage de beaux sentiments n'était plus de saison ; les Représentants savaient que tout était prêt pour une nouvelle insurrection et qu'elle n'attendait pour éclater que la fin des travaux de la récolte.

Seulement ils s'étonnent de voir, en tête de leurs ennemis, Charette, le premier signataire de la Pacification, Charette, le héros de la journée du 9 ventôse à Nantes. Ils n'avaient jamais compté sur la sincérité de Stofflet, mais ils ne s'attendaient pas à ce que Charette manquerait si vite à tous ses engagements. Une lettre de Gaudin du 4 germinal, nous explique ce revirement. « Vous vous « êtes trop fiés à Charette, écrit-il à ses collègues. Je « crois, ainsi que vous, qu'il a été de bonne foi, mais, « dans cas, il n'a pas toute l'autorité possible sur les « petits chefs, qui sont sous ses ordres, car ils ont un

« tout autre langage, une toute autre conduite que lui. »

Oui, Charette a été de bonne foi jusqu'au dernier moment. Oui, il a essayé franchement de faire respecter la pacification ; mais c'était assumer une charge trop lourde pour ses forces que vouloir désarmer tout un pays auquel il avait prêché naguère la guerre sainte. Du jour où Charette s'est soumis à la République, il a perdu son prestige aux yeux de ces petits chefs dont parle Gaudin, qui ne pouvaient se faire à l'idée de le voir, lui le défenseur du Trône et de l'Autel, exerçant la police au nom de la Convention. Il s'est trouvé alors dans une situation inextricable, pris entre les récriminations de son ancien parti et les exigences du nouveau, et rendu responsable de tous les désordres qui se produisaient dans le pays. Il a voulu en sortir coûte que coûte, il s'est jeté dans l'insurrection.....

Aux récriminations des Vendéens à la Jaunaie, les Représentants ont objecté l'impossibilité de se départir de certaines mesures de prudence, dans un pays désorganisé par une longue période d'anarchie ; ils ont affirmé le principe de la liberté individuelle, promis d'être aussi conciliants que possible, mais ils ont déclaré ne pouvoir retirer de l'Ouest les troupes régulières, qui garantissaient la sécurité de tous les citoyens, car on ne pouvait pas espérer du jour au lendemain, jeter dans les bras les uns des autres des compatriotes qui, la veille encore, échangeaient des coups de fusil. Seuls le temps et une administration très ferme viendraient à bout des vieux préjugés.

D'ailleurs toute discussion devenait impossible, on se heurtait à un mauvais vouloir évident, à un parti pris de pousser les choses à l'extrême — aussi ne tarda-t-on pas à se séparer avec la conviction que la scission était devenue irrémédiable.

Cependant la mission des Conventionnels touche à sa fin : ils viennent de recevoir l'ordre de rentrer pour le 1er thermidor (19 juillet) à Paris, afin de prendre part aux travaux de la nouvelle Constitution ; il leur reste juste le temps de régler leurs dépenses, de prendre quelques dispositions, et ils vont quitter cette Vendée où, depuis six mois, ils ont tant travaillé à ramener le calme et la sécurité dans l'esprit des habitants. Ils partent pleins d'appréhensions sur la durée éphémère de leur œuvre pacificatrice, œuvre poursuivie avec tant de ténacité et de sollicitude, en dépit des difficultés matérielles sans nombre et des hostilités irréconciliables.

Mais, loin de désespérer de voir jamais la Vendée reconquise à la paix, ils regrettent seulement de ne pouvoir lutter jusqu'au bout pour assister un jour au triomphe définitif de leur politique de modération et d'apaisement.

Ceux qui leur succèderont vont avoir à réprimer le nouveau soulèvement de Charette et de Stofflet. Sauront-ils empêcher l'insurrection de s'étendre en ménageant les paysans ? Parviendront-ils à isoler les chefs dans leur résistance illégale ? L'avenir se chargera de nous l'apprendre.

Lofficial, sous l'empire de ces préoccupations, trace à

la fin de son rapport au Comité de Salut Public, sur la
guerre de Vendée, une ligne de conduite que le Gouvernement devra, à son avis, adopter à l'égard de ses
compatriotes, s'il veut profiter de la détente momentanée
des esprits, et les conquérir aux idées républicaines. Il
parle en ces termes : « Il ne faut pas dissimuler qu'il
« existe encore dans nos contrées un assez grand nombre
« de gens accoutumés au sang et au pillage, qui regret-
« tent les troubles qui favorisaient leurs crimes et qui
« donnent de l'inquiétude au plus grand nombre des habi-
« tants paisibles, accoutumés à se faire délivrer par menaces
« ou par force, chez les cultivateurs, les choses dont ils
« avaient besoin ; il est à craindre qu'ils ne se livrent
« encore à leurs brigandages, et déjà nous avons été
« instruits qu'ils s'étaient introduits dans quelques
« fermes du district de Cholet et de St-Florent, qu'ils
« avaient pillé et assassiné les fermiers. Les hommes
« qui commettent ces horreurs sont, pour la plupart,
« étrangers au pays, des anciens contrebandiers ; et à
« ceux-ci se joignent quelques artisans de la manufac-
« ture de Cholet, qui, déshabitués du travail, ou en
« manquant, ont trouvé plus commode de continuer
« leurs anciens brigandages. Le Gouvernement ne doit
« rien négliger pour rassurer l'habitant des campagnes
« contre les insultes de ces hordes d'assassins ; l'agricul-
« ture, qui n'a été que trop négligée dans ce pays,
« l'exige ; le cultivateur, isolé dans sa ferme, qui
« tremblerait pour son existence, se trouverait forcé
« d'abandonner sa charrue et de se retirer dans les
« communes. »

« Le premier moyen à employer pour maintenir la
« tranquilité dans la Vendée, est d'inspirer la confiance
« dans le Gouvernement, et c'est le devoir des autorités
« constituées; elles y parviendront en faisant strictement
« exécuter les lois, en accordant une égale protection
« aux patriotes et aux anciens Rebelles; en alliant la
« douceur et la fermeté dans leur administration et en
« sévissant sans partialité, soit contre le patriote, soit
« contre le Vendéen qui aura excité une querelle.

« Le second moyen est d'entretenir encore, pendant
« quelque temps, une force respectable pour maintenir
« les malveillants et arrêter les brigands; il serait aussi
« dangereux d'avoir une force trop considérable que de
« l'avoir trop faible. On pourrait fixer à 6 000 hommes
« l'effectif dans les douze districts du centre du pays
« insurgé et distribués dans chaque chef-lieu de canton;
« ce qui ferait environ 50 à 60 hommes par canton.

« Le troisième moyen est de faire arrêter tout habi-
« tant de la Vendée qui n'y avait pas un domicile avant
« 1792, à moins qu'il n'y ait une propriété suffisante
« pour le faire exister. Cette mesure sera facile à exécu-
« ter, en faisant faire le recensement exact de tous les
« habitants actuels. Elle devient, de jour en jour, plus
« pressante, si l'on veut découvrir tous les gens sans
« aveu, déserteurs et autres, qui inquiètent les Vendéens
« et qui pourraient susciter de nouveaux troubles. »

Maintenant, Lofficial et ses collègues rentrent à Paris,
à l'heure même où arrive la nouvelle de l'insurrection de

Charette et de la prise du Camp des Essarts. Les traités de la Jaunaie sont violés, la Pacification a vécu ! ·

Pourtant les Représentants peuvent s'asseoir sur les bancs de la Convention là tête haute et se faire gloire du rôle qu'ils ont joué durant leur mission, car, pour la qremière fois, depuis que la Convention Nationale gouverne la France, ils ont accompli, en son nom, une œuvre éminemment patriotique et humanitaire.

JOURNAL DE LOFFICIAL

Représentant du Peuple

Le 18 frimaire an III (8 décembre 1794). — En exécution du décret du 12 frimaire[1] an IIIme, qui me nomme conjointement avec mes collègues Delaunai, Menuau, Morisson, Gaudin et Chaillon, pour nous rendre près l'armée de l'Ouest pour faire exécuter l'amnistie proclamée par la Convention Nationale en faveur des Rebelles de la Vendée, je suis parti de Paris le 18 frimaire; arrivé à Blois *le 19 à minuit*, j'ai logé à l'auberge de la Montagne.

Le *20.* — Arrivé à Tours, à l'auberge du Croissant, nos collègues Menuau, Gaudin, Chaillon et Morisson étaient partis la veille.

Le *21.* — Mon collègue Delaunai me rejoignit; nous concertâmes le soir quelques mesures préliminaires.

[1] Voir aux pièces justificatives, le texte de la loi du 12 frimaire.

Le *22*. — Je partis de Tours ; Delaunai et moi fûmes obligés de requérir des chevaux de poste.

Je réitérai cette réquisition à Luynes.

J'arrivai à Saumur à dix heures du soir. — J'ai logé à la Croix-Verte.

Le *23*. — Nous arrivâmes à Angers ; Menuau, Delaunai et moi nous nous réunîmes à notre collègue Bézard. Nous discutâmes, le *24*, les moyens d'exécution du décret du 12 frimaire. — Il fut convenu entre nous, que nous convoquerions à Nantes pour le 10 nivôse, nos collègues Gaudin, Morisson, Guyardin, Dormier, Auger, qui étaient déjà près l'armée de l'Ouest ; et nos collgèues Ruelle, Boursault, Bollet, Legris, Druth, Guesno et Guermeur, qui étaient près les armées des côtes de Brest et de Cherbourg, afin de convenir d'une manière uniforme d'agir dans la mission délicate qui nous est confiée.

La lettre circulaire fut faite le même jour.

Le *25*. — Delaunai, Bézard et moi, primes des arrêtés pour assurer les subsistances de la commune de Saumur, dont les besoins étaient très urgents. — Nous lui accordâmes 600 quintaux sur l'approvisionnement militaire de la division de Saumur, et une réquisition de dix mille quintaux sur les districts de Loudun et de Thouars, à la charge de restituer les 600 quintaux aux magasins militaires.

Autre arrêté pour faire déguster les vins, achetés pour le compte de l'armée, au moment de la livraison au port.

Le *26*. — Delaunai et moi allâmes visiter la manufacture de toiles à voile, avons constaté l'état de pénurie où cette manufacture était réduite ; elle compte environ 500 ouvriers, et il ne lui restait pas pour dix jours de matières à employer.

Le même jour, nous prîmes de concert avec Bézard, un arrêté pour faire arriver des fourrages à l'armée.

Le 27. — Je suis parti d'Angers à 7 heures du matin, pour me rendre à Nantes, arrivé à Ancenis à 7 heures du soir. — Je n'ai eu pour escorte jusqu'à Chantocé que deux dragons ; à Chantocé, on m'a donné deux guides jusqu'à Varades, et à Varades, l'on m'a donné quatre dragons d'escorte. — Mon collègue Chaillon avait, trois jours auparavant, éprouvé une fusillade, dont sa voiture fut atteinte de deux balles.

Le 28. — Je partis d'Ancenis à 8 heures du matin, sous l'escorte de 6 dragons ; arrivé à Nantes à 2 heures, maison des Représentants du Peuple, isle Feydeau.

Les 29 et 30. — Pris plusieurs arrêtés, accordé plusieurs mises en liberté. (Voir le registre d'arrêtés.)

Le même jour 30, je suis allé avec mes collègues Chaillon et Ruelle, à la Société populaire de Nantes. J'ai prononcé un discours relatif aux circonstances, à l'amnistie, et au système de justice et d'humanité adopté par la Convention Nationale.

Le 1er nivôse (21 décembre 1794). — Pris plusieurs arrêtés. — Je suis allé le soir à la Société Populaire. — J'ai détruit les bruits calomnieux que des malveillants répandaient, de mettre en réquisition les citoyens de 18 à 30 ans. — Un journal qui annonçait que les Nantais avaient dit que vingt mille Rebelles avaient mis bas les armes et s'étaient rendus........, invité à une surveillance active.

Le 2. — Pris des arrêtés.

Le 3. — Je suis allé au camp de Sèvres, haranguer chaque bataillon. Je les ai félicité sur le sacrifice d'une partie de leur ration de pain pour venir au secours des Nantais. — Recommandé une exacte discipline, soumission aux lois, subordination aux chefs. Engagé à recevoir humainement les Rebelles qui voudraient profiter de l'amnistie.

Le même jour, nos collègues Menuau, Delaunai et Bézard, sont venus se réunir à nous.

Nous avons expédié un courrier à nos collègues à Machecoul. Le C. Bureau est allé auprès de Charette.

Signé conjointement avec Ruelle et Chaillon, un bon de 3,000 f. pour les besoins de la table des Représentants.

Un bon pour 50 l. de chandelles. — Plusieurs arrêtés. Quelques Rebelles se sont rendus à nous.

Le 4. — nos collègues Bézard, Delaunai et moi, sommes allés visiter la fonderie d'Indret et le poste du Château d'Eau.

Ce même jour, la veuve Bonchamp, d'après le vœu exprimé de la Société Populaire et de la commune de Nantes, a été mise en liberté.

A notre retour d'Indret, nous avons trouvé à la maison de la Commission plusieurs Rebelles. Le chef se nomme Fayette, il était accompagné d'un autre sous-chef qui a dit se nommer François Goyer, marchand à Clisson. — A dit me connaître, a cherché à me piquer par ses propos,

il avait bu, mais beaucoup moins qu'il affectait de le
paraître. Comme il parlait latin avec beaucoup de facilité,
on l'a soupçonné prêtre, il avait un chapelet à sa bouton-
nière. Tous avaient des chapeaux ronds avec des rubans
blancs à leurs chapeaux, — il s'est assis, sans y être
invité, à notre table, à notre grand mécontentement,
nous avons été forcés de tolérer cette action, crainte de
mal disposer les esprits. Je n'ai pas cependant voulu
souffrir qu'il se mit à mes côtés. (Le chef alors n'y était
pas); il n'est revenu qu'à la fin du repas. Goyer m'a paru
un espion, Fayette un homme fin et dissimulé; il m'a dit
que nous nous abusions si nous pensions que les partisans
(les Rebelles) étaient disposés à se rendre, que jamais
ils ne pardonneraient aux réfugiés et aux patriotes de ce
pays. Goyer a dit qu'il était Royaliste, cependant a bu à
la santé de la Convention et à la nôtre, à crié : Vive la
République. — En général, on ne peut rien espérer de
ces gens, ils m'ont paru très entêtés dans leurs opinions.
La même escorte qui les avait accompagnés les a reconduit
à leur poste.

Cette scène m'a déplu ; la dignité de la représentation
nationale m'a paru compromise par la présence à notre
table d'un rebelle royaliste, qui ne m'a pas paru disposé
à profiter de l'amnistie. — Tous se sont réunis à dire
qu'ils se rendraient si leur chef, Charette, se rendait,
mais qu'ils ne le désiraient pas.

Le 4. — Signé un bon pour 100 bouteilles, vin blanc
du pays.

Le 5. — Plusieurs rebelles sont venus, ayant à leur

tête un appelé Bousseau que l'on dit commander 4 000 Rebelles ; ils ont témoigné le désir de se réunir, mais ne l'ont pas effectué — ils sont allés dîner à l'hôtel de la Patrie, et de là sont allés au Spectacle. Le général Muscar, qui commande le poste du Château d'eaux, s'est plaint hautement. Leurs panaches blancs, leur cocarde et leur ceinture de même couleur, devaient offusquer les yeux d'un républicain. Le chef avait une large ceinture blanche, au milieu de laquelle il y avait un Ecusson Blanc, sur lequel il y avait « Vive le Roi », on lui a fait observer qu'un semblable signe exciterait le mécontentement parmi les républicains, qui ne pouvaient entendre prononcer le nom de roi, il a accueilli ces observations et a ôté son écusson, ce qui nous a paru d'un bon augure. Il n'avait pas ce signe lorsqu'il est allé au spectacle. La conduite du général Muscar a mécontenté le peuple, il a été arrêté et nous a été amené Nos collègues, Gaudin, Moisson, Dornier, Auger, Guyardin, arrivés ce jour, ont assisté à la délibération. Muscar a été blâmé, non pas tant parce qu'il a insulté les Rebelles qui venaient parmi nous (leurs couleurs blanches pouvaient offusquer un républicain), mais bien parce qu'il avait abandonné le poste très important du Chateau d'eaux qu'il commande. Il aurait été puni si l'on n'eut pas craint que les malveillants eussent répandu que c'était parce qu'il s'était plaint de voir des panaches blancs flotter au milieu des panaches tricolores. On s'est contenté de le renvoyer à son poste.

On doit s'occuper d'examiner sa conduite et ses

sentiments que l'on dit être très sanguinaires et opposés à l'amnistie.

Canclaux est arrivé ce jour, à cinq heures, avec les Représentants du peuple, Guyardin, Dornier, Auger, Morisson et Gaudin.

Nous sommes convenus avant de nous retirer de nous occuper, dès demain matin, des mesures propres à empêcher les Rebelles de paraître dans Nantes avec leurs couleurs.

Le 6. — Nous avons pris l'arrêté pour charger les commandants de ne pas souffrir qu'aucun chef Rebelle ou Chouan paraisse avec ses signes de rébellion dans les camps, postes et communes, qu'ils soient tenus de déposer leurs armes aux avant-postes.

Quoique cet arrêté ait été pris à l'unanimité, et qu'il n'ait pas éprouvé de contestation que sur la rédaction, cependant la discussion qui a eu lieu nous a fait clairement connaître que quelques uns de nos collègues n'avaient pas la même opinion sur l'amnistie : ils ne trouvent pas bon qu'on pardonne aux chefs, quoiqu'il soit constant que ce sont les chefs qui retiennent toutes les troupes qui sont révoltées avec eux, et que si nous pouvions détacher les chefs, tous les Rebelles déposeraient leurs armes. Guyardin s'est exprimé d'une manière choquante pour Ruelle, il a blâmé tout ce qui a été fait. — « Que ne pouvant l'approuver, il devait retourner à Paris ; que jamais il ne consentirait à aucun entretien ni composition », il a blâmé la punition du sanguinaire Carrier. « Selon lui, c'était un excellent patriote..., etc. » — Il ne doit pas cependant ignorer que l'acte d'accusation prononcé contre le cannibal, l'a été à l'unanimité de la Convention Nationale !

Mon collègue Ruelle a essuyé des propos désagréables de la part de Bézard et de Guyardin, relativement à sa conduite avec les insurgés ; — il peut se faire que les démarches de Ruelle aient été trop précipitées et pas assez réfléchies, mais ses intentions sont louables, il a voulu éviter l'effusion du sang, il a voulu achever la reddition à la République de ce pays.

Qu'importent les moyens pour y parvenir, s'ils réussissent et qu'ils ne contrarient pas les décrets de la Convention Nationale !

Le même jour, nous avons écrit à la Convention Nationale ; nous lui avons annoncé que 200 Rebelles s'étaient rendus, que d'autres qui étaient venus hier, et que nous soupçonnions être dans les mêmes intentions, s'étaient promenés dans Nantes avec les couleurs blanches, qu'aussitôt que nous en avions été informés, nous avions pris l'arrêté dont il est question ci-dessus, et dont nous avons envoyé copie.

Cet arrêté et la lettre étaient nécessaires, et pour faire connaître aux habitants de Nantes que jamais les Représentants du Peuple ne souffriraient qu'on portât les couleurs royales, et pour prévenir la Convention Nationale contre les calomnies que l'on pourrait diriger contre nous. — Nous avons travaillé jusqu'à minuit.

Le 7. — Nous nous sommes réunis tous les onze à midi. — Nous avons discuté jusqu'à 4 heures de quelle manière on agirait avec 3 Rebelles qui avaient déposé leurs armes à la porte Jacques et avaient arboré la cocarde tricolore.

Ayant fait comparaître les trois hommes qui nous ont paru être dans les meilleures dispositions, mais qui nous ont dit désirer retourner chez eux, et porter à leurs camarades des proclamations concernant l'amnistie, nous leur en avons donné et les avons renvoyés.

A 2 heures, Bézard, Dornier, Guyardin, Menuau, Delaunai, Ruelle, sont allés visiter le camp Jacques.

Lors de la discussion qui a eu lieu ce matin, nous avons eu le désagrément d'essuyer de mauvais propos de la part de Bézard ; il ne s'agissait, ainsi que je l'ai dit, que de déterminer de quelle manière on se comporterait avec les trois Rebelles qui se présentaient. La discussion à peine ouverte, Bézard, toujours fidèle au plan de division qu'il paraît avoir conçu, a cherché à inculper ceux qui n'avaient pas voté la mort du roi, ou à élever des doutes sur la probité de leurs intentions, — il a dit tout à fait hors de propos : Moi *j'ai voté la mort* du roi et *je la voterai encore !* Et la veille il avait dit à Ruelle : on nous envoie pour coopérer avec nous, des *hommes qui n'ont pas voté la mort du roi !*

Le même jour, le C. Bureau Batardière, qui est auprès de Charette, nous a écrit pour nous rendre compte de sa mission. Dans son paquet était une lettre de Charrette à Ruelle, par laquelle il le complimentait sur son humanité et sa justice, et lui annonçait qu'il lui enverrait le *Comte de Bruc* et *Monsieur de Béjarry*. La discussion s'est ouverte sur la question de savoir si Ruelle devait répondre au désir exprimé d'aller recevoir les envoyés de Charette au camp de Sèvres ; il a été décidé que *non* à l'unanimité ; qu'on les recevrait ici, s'ils se conformaient à l'arrêté pris la veille, relatif aux couleurs royales.

Gaudin s'étant plaint de la conduite atroce de quelques officiers qui existent encore dans l'armée de l'Ouest, Bézard a crié à la calomnie, qu'on voulait désorganiser l'armée, etc. ! — Ayant voulu faire quelques observations et n'ayant pas encore prononcé le premier mot, il m'a dit d'un ton très despotique : « Je suis las de t'entendre. » Cette expression et ce ton m'ont déplu, je m'en suis suis expliqué peut-être avec trop de chaleur ; mais la patience échappe lorsqu'on voit quelqu'un vouloir imposer silence, maîtriser les opinions et calomnier les intentions de ses collègues. La veille, je m'étais plaint de Muscar commandant le poste du Château d'Eaux, qu'on nous a rapporté être un des agents de Carrier ; il avait fait fusiller des cultivateurs paisibles de la commune de Bouguenais qui s'étaient rendu tranquillement, d'après invitation, faire vendange.

Craignant de nouvelles injures qui m'auraient peut-être fait sortir des bornes de la modération, je me suis retiré.

Je crois que, vu la diversité d'opinions il nous sera difficile de remplir conjointement les vues bienfaisantes de la Convention, — et je ne vois pas que nos anciens collègues, à l'exception de Ruelle et peut-être de Dornier veuillent sincèrement y concourir avec nous ; ils conservent relativement à nous, les anciennes divisions de la Convention Nationale, qui ont pensé perdre la République. Puissé-je me tromper !

Le 8. — L'envoyé du C. Bureau, qui était allé trouver Charette, étant venu prendre les ordres de la Commission nous lui avons dit qu'il pouvait aller dire aux envoyés de Charette, que les Représentants du Peuple les recevraient ; et nous avons envoyé le général de division Dutit pour empêcher qu'ils n'entrâssent à Nantes avec plus de 15 hommes, que les deux envoyés pouvaient seuls entrer avec leurs épées, que les autres les laisseraient au premier poste, et que personne ne pouvait entrer avec la cocarde et les couleurs blanches.

A 7 heures (soir), Bureau et le général Dutit sont venus nous prévenir que de Bruc et Béjarry, envoyés de Charette, étaient arrivés avec trois hommes de suite, — qu'il n'avait pas été nécessaire de les inviter à quitter les couleurs blanches, qu'ils les avaient quittées d'eux-mêmes avant d'arriver au camp.

Nous avons arrêté de les recevoir de suite, ils sont arrivés à 8 heures.

De Bruc prenant la parole a dit : Deux objets ont excité des inquiétudes parmi nous, et nous venons pour lever nos doutes.

1° Les émigrés qui sont parmi nous sont-ils compris dans l'amnistie ?

2ˢ Les prêtres réfractaires sont-ils compris dans l'amnistie ?

Delaunai, répondant au nom de nous tous, a dit que le

décret du 12 brumaire ne prononçait l'amnistie que pour les faits de rébellion ; qu'ainsi les émigrés et les prêtres réfractaires n'y étaient pas compris, mais que la Convention ne demandait pas leur sang.

Ils ont demandé si les chefs étaient bien compris dans l'amnistie, ils avaient des doutes sur l'ordre du jour prononcé par la Convention Nationale sur la proposition faite d'excepter les chefs.

Delaunai, en notre nom, les a rassurés

L'intention de la Convention Nationale et les termes précis du décret du 12 brumaire, comprennent les chefs sans exception, — que le Comité de Salut Public consulté par un de nous (Ruelle) sur cette question avait répondu affirmativement que les chefs étaient compris dans l'amnistie ; il nous a paru que c'était ce qui les touchait le plus ; ils sont revenus *deux fois* à cette difficulté.

Le 9. — Le général Canclaux s'est réuni à nous, il nous a entretenus des dispositions militaires et nous l'avons ajourné au lendemain pour la continuation.

Le soir, il y a eu beaucoup de personnalités. Guyardin a blâmé la conduite de Ruelle, Dormier a prétendu que j'avais défendu les panaches blancs et blâmé la conduite de Muscar, commandant du poste du Château d'Eau, pour s'être indigné de voir les plumes blanches au spectacle. Inutilement je lui ai fait observer que je n'avais blâmé Muscar que parce qu'il avait abandonné son poste qui est très important, puisqu'il couvre la fonderie d'Indret — que parceque d'ailleurs, j'avais des renseignements sur sa conduite, desquels il résulte que Muscar était un des agents de Carrier, qu'il avait fait fusiller des cultivateurs paisibles sous prétexte de leur donner des certificats de civisme. — Dormier n'a pas voulu en démordre, il a même été jusqu'à prétendre que j'avais dit que je protesterais si l'on prenait un arrêté contre les plumes blanches. Le fait a été démenti par nos collègues et est démenti par l'arrêté pris à l'unanimité et envoyé au Comité de Salut Public.

Il résulte de cette contestation, que quelques-uns de nos collègues qui étaient à l'armée de l'Ouest avant nous, veulent nous trouver des crimes à quelque prix que ce soit, afin de nous accuser ou au moins de nous faire rappeler ; et je persiste plus que jamais à croire qu'étant un objet d'achopement pour nos 4 anciens collègues, il est important pour l'intérêt public, qu'eux ou nous soient rappelés.

Le même jour, nous avons été avertis que les envoyés de Charette ne devaient pas partir demain, et avons chargé le C. Bureau de leur en intimer l'ordre.

Le *10*. — Notre séance s'est ouverte par la lecture d'une lettre de Bruc qui annonce que ceux qui l'accompagnaient sont partis, qu'il n'a demandé ses chevaux que pour demain, qu'il prie de lui accorder la liberté de rester encore ce jour à Nantes auprès de son fils. — Accordé.

Ensuite Canclaux nous a donné connaissance de ses plans militaires, et de la composition de son état-major et des principaux officiers de l'armée ; plusieurs, après examen, ont été rejetés ; Cordelier l'aîné, frère du général destitué, contre lequel il y a des dénonciations graves au Comité de Salut Public, a été ajourné jusqu'à ce que l'on pût connaître cette dénonciation.

Le soir, nous nous sommes livrés à l'examen des questions : si nous pouvions et si nous devions attaquer. La seconde étant nécessairement subordonnée à la première, celle-ci a été discutée. — Après une longue discussion, arrêté que le général en chef nous rendrait compte demain si nous pouvions attaquer. — Le général chef de l'état-major, et Tousnel, commissaire ordonnateur, étaient présents à la discussion. Sur les dix heures, sont arrivés de Bruc et Béjarry, envoyés de Charette. Ils nous ont dit qu'ils avaient pensé que puisque la liberté des cultes existait, ils pouvaient conserver leurs prêtres, sans lesquels leur culte ne peut avoir lieu. On leur a répondu que les seuls prêtres réfractaires étaient proscrits ; ils ont ajouté qu'ils n'en avaient que de cette espèce, dans lesquels leurs paysans avaient une grande confiance ; ils ont aussi parlé des émigrés ; nous leur avons fait la même réponse que ci-devant, en leur faisant observer d'examiner si leur conservation sur le territoire de la République pouvait être mise en balance avec la vie de peut-être plus de cinquante mille hommes qui périraient si l'on continuait la guerre. — Ils ont fini par nous dire que, si Monsieur Charette pouvait avoir une entrevue avec nous, ils en espéraient beaucoup de succès, mais qu'il ne pouvait venir à Nantes, dans la crainte d'inquiéter son armée. — Il a demandé un rendez-vous aux avant-postes.

Eux retirés, nous avons délibéré et arrêté que Ruelle et deux autres d'entre nous se rendraient sans escorte et sans costume, pour ne pas faire naître de soupçons, au Lion d'Or, au-dessus du camp Jacques, qu'ils nous feraient savoir le jour *très-prochain* de l'arrivée de Charette pour cette entrevue.

Le C. Bureau nous ayant remis une note des prétentions des Rebelles qu'il avait recueillies à son dernier voyage, nous pensons que l'entrevue n'aura pas lieu. Ils demandent entre autres choses, que les réfugiés en prison, rentrent dans leur pays ; que la République acquitte tous les bons qu'ils ont émis et qui se montent de deux à trois millions au plus.

Le *11*. — De Bruc fait dire que sa jument ayant avorté, il lui était impossible de partir, à moins d'aller à pied. Bureau a été autorisé à lui fournir des chevaux.

Le Commissaire ordonnateur Tousnel a rendu compte de la situation des approvisionnements et subsistances. — Le général Canclaux ayant ensuite été interpellé de déclarer s'il pouvait marcher, a répondu que dans 10 à 15 jours il le pourrait.

Ensuite nous avons discuté de quelle manière on proclamerait l'amnistie ; si on entrerait dans la Vendée hostilement, ou si on se bornerait à une promenade militaire qui serait chargée de faire parvenir la proclamation dans l'intérieur de la Vendée.

Arrêté qu'il serait fait une instruction, Bézard et Delaunai nommés commissaires-rédacteurs. — Que la proclamation serait proclamée dans tous les départements et districts avec le plus de solennité possible par les autorités constituées et dans tous nos camps.

— Que sur la question, si on pénétrerait dans l'intérieur offensivement, ou seulement sur la défensive, que Canclaux serait invité à donner son opinion avec les raisons pour et contre ; et que l'on instruirait le Comité de Salut Public de la détermination pour avoir son approbation.

Le *12 (1ᵉʳ janvier 1795)*. — Un chef de Rebelles nous a renvoyé un cheval que les Rebelles avaient retenu à un cavalier qui était allé parlementer avec eux et qu'ils avaient. Le chef nous a annoncé qu'il avait puni l'auteur de cette violation de bonne foi.

Le même jour, le Commissaire ordonnateur nous a rendu compte des fourrages de l'armée, duquel il résulte une pénurie affligeante ; le Commissaire ne me parait pas exempt de reproches.

Le *13*. — Delaunai nous a donné lecture de la proclamation[1] et des articles d'arrêtés qu'il a rédigés avec Bézard, en conformité de notre arrêté de la veille. La discussion s'est ouverte et ne s'est terminée que fort tard. La proclamation et les arrêtés ont été adoptés avec quelques amendements et changements.

Le général nous a donné lecture de son travail relatif à la manière de pénétrer dans la Vendée pour proclamer l'amnistie sans agir offensivement. Le mémoire qu'il nous a lu est bien fait et ne peut être que le produit

[1] Voir aux pièces justificatives, la proclamation du 13 nivôse.

d'une âme philantropique qui abhore l'effusion du sang ;
il nous en donnera copie.

Le même jour, on a mis en liberté toutes ces ci-devant
religieuses qui se trouvaient détenues dans les différentes
maisons de détention à Nantes, leur nombre s'élevait à
40. — Hier et aujourd'hui il nous est venu quelques
Rebelles.

Le *14*. — Nous avons arrêté la série des questions que
Delaunai, Bézard, Ruelle, doivent porter au Comité de
Salut Public.

Le général Canclaux, a par nous été chargé de nous
présenter ses vues pour l'organisation d'un corps de
deux à trois mille hommes qui serait formé des patriotes
réfugiés se présentant volontairement, et qui remplace-
raient les guides qui sont mal vus par les Rebelles.

La commune de Nantes nous a envoyé une nombreuse
députation pour nous présenter le tableau de la situation
en subsistances, et nous demander une avance de neuf
millions.

D'abord nous avons arrêté de l'autoriser à emprunter
la somme de deux à trois millions, mais nous ayant dit
que le commerce était ruiné, il lui était impossible de
trouver à emprunter sur tel négociant, nous avons de
nouveau délibéré, mais la délibération s'étant prolongée
fort avant dans la nuit, — ajourné au lendemain.

Le *15*. — La commune du Plessis-Bourrée a demandé
un secours provisoire de trois millions pour ses besoins
pressants et une lettre au Comité de Salut Public pour
rendre compte de leur situation.

Le Commissaire ordonnateur, l'inspecteur aux fourrages sont venus nous rendre compte de l'Etat de pénurie des fourrages qui sont tels qu'il n'y a rien dans les magasins pour nourrir les chevaux aujourd'hui. Le besoin pressant nous a fait prendre un arrêté qui met en réquisition trois mille quintaux sur les aubergistes, et sur l'excédent des approvisionnements particuliers.

Le *16*. — Nos collègues Menuau, Bézard, Delaunai, Gaudin, Dornier et Auger sont partis pour Paris. Morisson, Ruelle et moi sommes allés le soir, à la Société Populaire ; on y avait de l'inquiétude sur les subsistances, — Ruelle et moi avons essayé de les rassurer ; nous avons entendu un des assistants aux tribunes, s'écrier : Ventre affamé n'a point d'oreilles ! on a nommé deux commissaires pour se réunir à ceux de la municipalité pour exprimer au Salut Public et à la Convention Nationale, le besoin pressant de Nantes.

A la même séance de la Société, un officier général venant de Machecoul, a rapporté que les Rebelles avaient rendu cinq cavaliers et leurs chevaux, qu'ils avaient pris quelque jours auparavant, et qu'un officier du poste avancé ayant dit que les fourrages nous manquaient, les Rebelles leur avaient dit qu'ils en enverraient six charetées.

Le *17*. — Le général Canclaux a eu avec nous une séance depuis midi jusqu'à 4 heures, relative à différentes demandes et plaintes qui lui sont portées.

Le *18*. — Ruelle est parti pour Paris. — Rien d'intéressant. — Divers arrêtés d'administration.

Le *19*. — Rien d'intéressant. — Réglé la marche de la cérémonie pour la proclamation.

Le *20*. — Nous sommes allés, Chaillon, Morisson et moi, avec le général en chef, son état-major, une forte escorte de cavalerie à la prairie d'Amont, où toutes les autorités constituées, la force armée de Nantes au nombre d'environ huit mille hommes, étaient à nous attendre en ligne de bataille. La proclamation a été faite solennellement en présence de la force armée, réunie en bataillon quarré ; elle a été annoncée par 21 coups de canon tirés de la place.

Avant la proclamation nous avions passé en revue la troupe avec le général en chef. La proclamation a été entendue aux cris de : Vive la République ! Vive la Convention Nationale ! Ensuite la troupe a défilé devant nous.

Nous sommes de là, tous les trois allés dîner chez le général Canclaux.

Le *21*. — Le général Canclaux s'est réuni à nous pour nous faire des rapports de diverses affaires, nous avons pris différents arrêtés, et donné différentes autorisations.

Le *22*. — Nous avons été instruits que le citoyen Ami Roullet, instituteur, et nommé par le district pour les Ecoles Normales à Paris, avait prononcé à la séance de la Société Populaire d'hier soir, un discours très véhément sur les subsistances, et cherché à exciter de l'inquiétude et de la fermentation. L'agitation avait été grande dans la Société Populaire. Cet Ami Roullet était arrivé la veille de Paris, et a annoncé à la tribune qu'il repartait incessament.

Nous l'avons envoyé chercher, on ne l'a pas trouvé. Le soir, Morisson et moi sommes allés à la Société, Morisson a prononcé un discours pour détruire les impressions de la veille ; il a démontré que la privation que les Nantais éprouvaient était le résultat du terrorisme, qui les a comprimés si longtemps ; que tous les discours qui tendaient à donner des inquiétudes et exciter des fermentations, étaient le produit de la malveillance et de l'aristocratie, ennemie du bonheur du peuple. — Ce discours a produit l'effet que nous attendions du patriotisme des Nantais ; on a consigné dans la rédaction du procès-verbal de la veille, le mécontentement du discours de Ami Roullet.

Le 23. — Ami Roullet et Houdet Dugravier, prêtre qui l'avait applaudi le 21, sont venus devant nous. Ils ont l'un et l'autre cherché à s'excuser, le premier sur ses intentions pures, le second sur ce que les applaudissements qu'il avait donnés à Ami Roullet ne portaient que sur ce qu'il avait dit de la sollicitude de la Convention Nationale. Nous avons témoigné notre mécontentement à tous les deux et plus particulièrement à Ami Roullet, nous lui avons déclaré qu'il nous répondait des événements, — et la municipalité surveille.

Le même jour, le citoyen administrateur du district de Machecoul, est venu devant nous, au lieu de l'agent national, d'après l'ordre que nous en avions donné à celui-ci, et dont la place est vacante. Nous lui avons dit que des plaintes graves étaient portées contre eux. Les principales sont d'avoir fait fusiller plusieurs citoyens sans jugement; 2° de s'être emparé d'une maison, d'avoir fait massacrer la propriétaire et de s'être distribué ses meubles; 3° de s'être attribué 25 paires de bœufs appartenant à la République; 4° de se faire adjuger les fermes des biens d'Emigrés ou des Rebelles à un très vil prix; 5° de rebuter les Rebelles qui venaient déclarer profiter de l'amnistie; 6° de refuser de faire exécuter les réquisitions pour les besoins de l'armée, etc. — Nous lui avons donné copie de l'accusation pour y répondre.

Le 24. — Rien d'intéressant.

Le 25. — Le C. Bureau Batardière est venu nous rendre compte de ses pourparlers avec Charette et autres chefs de Rebelles, — il nous a assuré que ceux-ci étaient bien disposés et résolus de profiter de l'amnistie, mais que les paysans n'étaient pas dans les mêmes dispositions; il nous a remis deux lettres, l'une adressée à Ruelle, l'autre aux Représentants du peuple, dont voici copie.

Copie de la lettre adressée à Ruelle :

Belleville le 16 janvier 1795.

« Citoyen Représentant,

« Les âmes honnêtes et loyales interprètent facilement
« les sentiments de confiance et de reconnaissance qui
« payent l'homme juste et humain des actes de bienfai-
« sance et de générosité dont il comble ses semblables ;

« vous les connaissez sûrement, nous les avons senti
« dans toute leur étendue et les sentons d'autant plus
« vivement que presque tous parmi nous, et particuliè-
« rement les généraux Charette et Le Couettu doivent à
« vos soins bienfaisants d'avoir vu tomber les fers qui
« chargeaient, dans les cachots, les personnes chères à
« leur cœur, et dont l'innocence et la faiblesse avaient
« été de trop faibles garants auprès des délégués barbares
« qui frappaient tout indistinctement. Quel moyen plus
« efficace pourrait être employé pour opérer une paix si
« nécessaire à notre patrie, l'objet des vœux de tous les
« gens honnêtes, qu'une conférence que les sentiments
« de la nature les plus purs et les plus conciliants auront
« provoquée et présideront ? Nous vous la demandons
« avec la confiance qu'elle produira le meilleur effet pour
« le bien commun : Les généraux de la Vendée se
« rendront en tel lieu et tel jour qu'il vous conviendra ;
« désirant autant que possible arriver au terme heureux
« d'une reconciliation parfaite. Nous aurions voulu que
« l'époque de l'entrevue proposée fût plus prochaine ;
« mais des circonstances impérieuses dont le C. Bureau
« vous rendra compte, nous font désirer qu'il s'écoule
« un certain délai. L'intérêt de l'affaire que nous traitons
« l'exige. Nous croyons qu'il ne vous déplaira pas.

« Nous avons l'honneur d'être, avec considération,
« citoyen Représentant, vos très humbles et très obéis-
« sants serviteurs.

     « Signé : LE CH. CHARETTE, SAPINEAU,
  « CH. DE FLEURIOT, DE COUETTU, LE C. DE BRUC. »

Copie de la lettre écrite aux Représentants du peuple
à Nantes.

Belleville, le 11 janvier 1795.

« CITOYENS REPRÉSENTANTS,

« Quand mon conseil expédia, hier, les dépêches à
« l'adresse du Citoyen Représentant du peuple, Ruelle,
« il le croyait alors à Nantes, à portée par conséquent,
« de vous faire part de l'expression de notre reconnais-
« sance, que vous méritez bien de partager avec lui,
« puisqu'avec lui sans doute, vous avez coopéré aux
« actes de bienfaisance et d'humanité dont nous ressen-
« tons les avantages. Je viens d'apprendre par le C.
« Bureau qu'il est à Paris ; ne voulant pas vous laisser
« ignorer un instant ce que nous ressentons si vivement
« d'estime et de confiance pour vous, je m'empresse de
« vous en faire une assurance particulière et de vous
« apprendre en même temps, que je n'ai pas cru devoir
« prendre sur moi de retirer la lettre adressée au Repré-
« sentant Ruelle, étant l'effet de la confiance générale ; je
« vous prie de n'en concevoir aucun déplaisir : nous
« sommes bien intimement convaincus que chacun
« de vous eut obtenu une confiance égale à celle qui
« nous anime pour le Représentant Ruelle, si le hasard
« eut voulu qu'arrivé avant lui dans le pays, il eut pu se
« signaler par les actes d'humanité, dont au demeurant,
« nous n'ignorons pas être redevables à la Représenta-

« tion toute entière. Je dois encore vous remercier du
« choix heureux que vous avez fait du C. Bureau pour
« remplir vos missions auprès de moi. Son esprit liant,
« ses talents l'ont rendu singulièrement aimable à
« chacun de nous. Si j'osais vous prier de continuer à
« vous servir de sa médiation, j'en aurai particulière-
« ment la plus grande satisfaction. Je le prie de vous
« retracer de nouveau les sentiments que nous avons
« trop faiblement exprimés, ils gagneront encore quelque
« chose dans sa bouche, mais ils n'égaleront jamais
« ceux qui sont dans mon cœur. Je vous prie d'en être
« convaincus, ainsi que du profond respect avec lequel
« j'ai l'honneur d'être, Citoyens Représentants, votre
« très humble et très dévoué serviteur.

« LE CH. CHARETTE. »

Le même jour 25, notre collègue Boursault est arrivé,
il nous a communiqué un arrêté de l'armée des Chouans,
intitulé « *Arrêté de l'Armée Catholique et Royale de
Bretagne* », du 3 janvier l'an III de Louis XVII. — Par
« cet arrêté ils ordonnent une suspension d'armes, char-
« gent Monsieur de Cormatin de se rendre dans toutes
« les divisions de l'armée catholique, près des principaux
« chefs de l'armée de la Vendée et près les généraux
« républicains, et afin d'assurer sa marche, de ne laisser
« aucun doute sur leurs intentions le chargent spéciale-
« ment de se concerter avec les généraux républicains
« pour être accompagné d'un de ses officiers, et d'obtenir
« du Représentant du peuple, un ordre de passer. »

Le *26*. — La municipalité de Nantes est venue nous faire connaître l'état de détresse où elle se trouvait pour les subsistances, nous avons pris un arrêté qui lui accorde 300 mille livres sur le revenu du district. J'ai écrit à mon collègue Delaunay, à Paris, la lettre suivante :

« Je t'envoie, mon ami, deux lettres des chefs des
« Rebelles, la première adressée à Ruelle et l'autre aux
« Représentants du peuple à Nantes (ce sont les lettres
« que j'ai transmises hier). Si l'on en croit les expressions,
« ils paraissent bien disposés et le C. Bureau nous a
« annoncé que plusieurs lui avaient dit qu'ils étaient
« décidés à se rendre quand même le reste de leur
« armée ne voudrait pas se rendre.

« J'en accepte l'augure, mais nous devons être en
« garde contre leurs promesses ; elles peuvent être
« sincères, elles peuvent être perfides.

« Le C. Bureau nous a assuré qu'il y avait une grande
« division entre eux, que Stofflet était destitué, mais que
« les contrebandiers, déserteurs et autres mauvais sujets
« qui s'étaient particulièrement attachés à lui, parcequ'il
« autorisait leurs brigandages, ne veulent plus l'aban-
« donner. Les armées de Charette et de Sapineau ont dû
« marcher contre lui, et ces démêlés ne peuvent qu'être
« avantageux à la République. La proposition d'une
« conférence faite par les chefs des Révoltés nous
« embarrasserait beaucoup, si nous n'espérions recevoir
« de vous, avant ce temps, des lettres qui règlent notre
« conduite.

« Je persiste dans l'opinion que j'ai émise lors de

« notre réunion ; il est extrêmement instant que notre
« armée aille s'établir au sein de la Vendée ; je désire
« que le Comité de Salut Public, à qui vous avez soumis
« cette mesure, l'adopte sans délai ; elle me paraît
« nécessaire pour assurer le succès de l'amnistie.
« L'armée, établie au centre du pays insurgé, protégera
« les communes qui désirent se réunir à la République,
« mais qui craignent d'être massacrées par les Royalistes
« en exprimant leurs vœux ; elle se bornerait à dissiper
« tous rassemblements qui voudraient s'opposer à son
« passage ; d'un autre côté, la situation alarmante de
« nos fourrages exige que nous marchions, et nous
« n'avons que trop différé ; tous les foins qui étaient
« chez les particuliers, à Nantes, sont épuisés. Il meurt
« chaque jour un certain nombre de chevaux, la même
« disette se fait sentir dans toutes parties de l'armée de
« l'Ouest ; on accuse généralement le C. Voidel,
« chargé à Saumur, de pourvoir aux fourrages de
« l'armée, les plaintes sont si multipliées contre cet
« agent, qu'il est difficile de ne pas le soupçonner
« coupable ; sa conduite serait bonne à examiner. Si
« l'armée marchait dans la Vendée, elle ne manquerait
« pas de fourrages ; il y en a une grande quantité à
« Basse Goulaine et du côté de Lyré et de Bourille ;
« mais pour ne pas indisposer les habitants, que nous
« voulons ramener à la République, je désirerais que
« l'armée payât généralement tous les fourrages dont
« elle disposerait. Je te répète, mon ami, que cette
« mesure me paraît nécessaire et indispensable ; que si

« nous ne nous hâtons de l'exécuter, je désespérerais
« presque du succès de l'amnistie pour terminer cette
« infernale guerre. Dans la campagne, les feuilles vien-
« dront, et tu sais combien alors la guerre est difficile
« dans ce pays.

« Le C. Bureau nous a dit que, d'après les renseigne-
« ments qu'il avait pris, il n'y avait que six ou sept
« émigrés parmi les Rebelles ; mais quand il n'y en
« aurait qu'un, nous ne devons point transiger sur les
« principes. — C'est à vous, pendant que vous êtes
« auprès du Comité de Salut Public, à examiner la
« question politique ; si, sans compromettre la dignité
« nationale, on peut procurer aux lâches ennemis de la
« France, la liberté et les moyens de sortir du territoire
« français.

« J'ai reçu copie d'une lettre de nos collègues Bour-
« sault et Bollet, et de l'arrêté du Comité de l'Armée
« Catholique et Royale en Bretagne ou Chouan. J'étais
« occupé à y répondre, lorsque Boursault est arrivé ici,
« il nous a annoncé que Bollet doit venir le joindre le
« 30, je crois, avec Cormatin, officier supérieur des
« Chouans ; je n'ose rien augurer de bon de cette entre-
« vue ; les termes dont est conçu l'arrêté de l'armée
« royaliste, semblent m'annoncer que les chefs des
« Chouans veulent traiter avec la République, comme
« de puissance à puissance ; je t'instruirai de ce qui
« aura lieu ; crois que mes collègues et moi ne souffrirons
« pas que la dignité nationale soit compromise.

« Hâte ton retour le plus que tu pourras, nous ayons

« besoin de tous nos efforts réunis et d'un grand accord
« pour extirper ce cancer politique qui a fait des plaies
« profondes à la République. J'oubliais de te dire que
« les Rebelles de la Vendée nous enlèvent journellement
« des bestiaux ; nous avons recommandé la plus grande
« surveillance pour prévenir de pareils brigandages, et
« pour empêcher la jonction de Stofflet avec les Chouans,
« qu'il serait si facile d'exécuter sur les glaces de la
« Loire. Nous avons défendu toutes communications
« entre nos soldats et les Rebelles ; nous avons été
« instruits qu'elles donnaient souvent lieu à des querelles
« et qu'elles facilitaient de fréquentes désertions ; raison
« de plus pour accélérer la marche de notre armée.

« Tâche d'avoir copie de la dénonciation qui a été faite
« contre les deux Cordelier, généraux de la Vendée, et
« que j'ai remises au Comité de Salut Public, dans les
« premiers jours de Brumaire.

« N'oublie pas, non plus, l'affaire de la veuve Bon-
« champ et autres femmes condamnées, mais non
« exécutées, pour avoir habité parmi les révoltés de la
« Vendée, et leur avoir donné des secours ; et fais
« décider si l'amnistie les regarde. Ne m'oublie pas près
« de Ruelle et de nos autres collègues. Porte-toi bien,
« mon ami. »

Le 28. — Notre collègue Bollet est arrivé avec le
général en chef Hoche.

Le 29 et le 30. — Pris des mesures pour assurer des
vivres à la commune de Nantes et des fourrages à l'armée.

Le même jour 30, le *Baron* de Cormatin, se disant

maréchal de camp, major général de l'Armée Catholique et Royale de Bretagne, est venu avec le général Humbert.

Le *1er pluviose* (*20 janvier*). — Cormatin est venu devant nous, nous a exprimé le désir de concourir à la paix et à la réunion de tous les Français, a désiré conférer avec le général Charette, et nous a communiqué une lettre qu'il lui écrit pour lui demander une entrevue.

Le *2*. — Célébration de l'anniversaire du dernier roi des Français.

Le *3*. — Notre collègue Boursault est parti pour Rennes.

Le *5*. — Notre collègue Pomme envoyé pour la vente des prises dans les ports de la République, est arrivé.

Les *6* et *7*. — Rien d'intéressant.

Le *8*. — Nos collègues Ruelle, Dornier, Delaunay et Bézard sont arrivés de Paris, et nous ont rendu compte de leur mission.

Le *9*. — La réponse à la lettre que Cormatin écrivait à Charette est arrivée, il accepte l'entrevue et fixe le 2 février, correspondant au 14 ; il enverra un détachement de cavalerie à Cormatin. — Délibérant sur cette entrevue, nous avons pensé qu'il était impolitique qu'elle eut lieu avant notre conférence avec Charette, que le terme de l'amnistie était prêt à s'écouler, et que si l'on attendait le résultat de l'entrevue de Cormatin, il ne serait plus possible de conférer avec Charette avant le 20 ; qu'il était intéressant qu'on sut à quoi s'en tenir, afin que si les Rebelles ne voulaient pas accepter l'amnistie, l'on pût se mettre en marche le 21.

En conséquence, nous sommes convenus de faire

avertir Cormatin de venir nous trouver sur les cinq heures, pour lui dire qu'il ne pouvait conférer avec Charette qu'à Nantes.

Cormatin arrivé, nous lui avons donné connaissance de notre arrêté et de nos motifs. Il s'est d'abord récrié, nous a fait connaître qu'il prenait cette mesure comme un manquement de parole, qu'il allait s'en retourner auprès de son parti. Il s'est étendu sur la misère du peuple et la détresse où nous nous trouvions en tout genre ; nous devions craindre que le peuple ne se soulevât contre la Convention Nationale.

Nous l'avons interrompu et lui avons fait observer qu'il calomniait le peuple. — Bézard s'est retiré. Cormatin prenant un ton plus doux, est convenu s'être trop avancé, et a fini par consentir à attendre Charette et à lui écrire en conséquence. Dans la discussion, il nous a souvent fait observer que la confiance n'était pas parfaitement établie parmi les Rebelles, qu'il faudrait que les cinq mois depuis le 9 thermidor fussent cinq ans.

Le 10. — Une députation de la Société Populaire est venue remercier nos commissaires qui étaient allés à Paris, des soins qu'ils s'étaient donnés pour procurer les sommes nécessaires à l'approvisionnement. Ils nous ont invités de nous rendre souvent parmi eux.

Une députation de la commune de Nantes est venue faire les mêmes remerciements et nous a annoncé que l'habitant était réduit à un quarteron de pain. — Nous avons arrêté de lui délivrer 2,000 quintaux de fèves, par elle requis dans le district, et sur lesquelles il y avait ambargo.

Le 11. — Bureau est parti pour la Vendée.

Le général Canclaux, sur la demande que nous lui en avons faite, dans le cas où Charette ne déposerait pas les armes, nous a répondu qu'il pourrait marcher le 25 de ce mois, que l'article des fourrages pouvait seul y mettre obstacle.

Le 12. — Bézard et Dornier sont partis pour Machecoul et Challans.

Le 13. — Nous avons appris que les Rebelles de la Vendée avaient assassiné trois patriotes réfugiés sur la côte Saint-Sébastien, près les ponts de Pilouet.

Le 14. — Nous avons reçu une lettre de notre collègue Gaudin qui nous annonce les brigandages et les assassinats que ne cessent de commettre les Rebelles de la Vendée.

Le 15. — Nous avons été instruits que les rebelles s'introduisaient furtivement à Nantes, y achetaient des armes et munitions. Je me suis chargé de présenter demain un arrêté à ce sujet.

Le 16. — Nos collègues Dornier et Bezard sont arrivés, Bureau est arrivé à neuf heures du soir, avec MM. de Bruc et de Béjarry députés par Charette, chef des rebelles.

Le 17. — De Bruc et Béjarry sont venus, nous ont remis une lettre de leur général, par laquelle il nous ont dit qu'il ne peut se rendre à Nantes ainsi qu'il l'aurait désiré pour conférer avec nous, qu'il n'a pu s'empêcher

de se rendre aux vœux de ceux de son parti, qui par
attachement pour lui n'ont pas voulu consentir à ce qu'il
se rendit à Nantes, mais qu'il se rendra à tel lieu qu'on
lui désignera hors Nantes ; il manifeste son désir d'une
sincère réconciliation et pour une prochaine pacification.

Ayant délibéré sur cette lettre ; arrêté que l'Entrevue
aurait lieu le 24 sous la Tente près le Lion d'Or ; que
l'on ferait porter des lits à la maison de la Jaunaie, près
le Lion d'Or, pour coucher Charette et sa suite et qu'on
y ferait également porter des vivres.

Le *18*. — Nos collègues Bézard et Dornier sont
repartis pour Angers, et Morisson pour les Sables ; nous
avons eu ce jour une nouvelle conférence avec de Bruc
et Béjarry qui nous ont exprimé leur désir de se réunir.

Le *19*. — De Bruc et Béjarry sont partis — ce même
jour, nous sommes allés avec le général Canclaux et
plusieurs de ses principaux officiers Bollet, Ruelle et
moi sur la route de Rennes. Le général y avait fait
poster de l'infanterie pour assurer la route qui continue
toujours d'être infestée par les chouans ; la veille ils
avaient assassiné le maire d'une commune voisine, et
au moment de notre arrivée, ils venaient de tirer
plusieurs coups de fusils sur des marchands qui appor-
taient des denrées à Nantes. — Nous leur avons donné
la chasse dans une lande ; ils se sont jetés dans les bois
qui l'avoisinaient. — Notre collègue Bollet est tombé
de cheval dans la lande, il a été obligé de revenir en
voiture.

Le *20*. — Cormatin a fait demander à nous parler.

Nous lui avons indiqué 7 heures du soir. Ma santé ne m'a pas permis de me trouver à cet entretien. — Mon collègue Delaunay m'a dit que Cormatin avait manifesté les vœux les plus pacifiques et qu'il croyait qu'il parlait de bonne foi.

Le 21 et le 22. — Rien d'intéressant.

Le 23. — Nos collègues Morisson, Menuau, Jarry, Dornier sont arrivés. — Ayant appris que la municipalité de Nantes avait fait annoncer par une trompette que les citoyens de Nantes seraient réduits à un quarteron de pain, nos collègues nous ont envoyés, Ruelle, Morisson et moi à la Commune et à la Société populaire pour prendre connaissance des subsistances et aviser aux moyens de faire donner demain la demie livre. Ruelle et Morisson ont parlé à la Commune ; le conseil général et les commissaires surveillants des sections étaient assemblés, nous avons reconnu qu'il ne restait dans les magasins de la municipalité que 449 quintaux de farine, et il en faut 430 pour en donner une demi livre à chaque citoyen. — Alors nous avons donné une réquisition sur le garde magasin de la marine de 200 quintaux : le maire a fait des difficultés pour accepter le Bienfait, à moins que nous ne l'assurions pour le lendemain, mais comme ces 200 quintaux ne diminuaient point l'approvisionnement de la commission, le Conseil de la commune les a acceptés. — Ensuite nous nous sommes rendus à la Société populaire où nous étions attendus ; j'ai porté la parole — mon collègue Ruelle ensuite ;

nous avons annoncé que le peuple aurait demain la demie livre de pain comme d'ordinaire.

Léonard, directeur des hospices militaires, chargé de fournir aux chefs des Révoltés à la maison de la Jaunaie ce qui leur est nécessaire, nous a annoncé qu'ils étaient arrivés au nombre d'environ 48 à 50 ; qu'ils paraissaient bien disposés à la Réunion. — Demain à onze heures nous partirons pour l'entrevue.

Le 24. — Nous nous sommes réunis sur les onze heures ; et nous sommes partis pour nous rendre à la lande située devant la Maison de la Jaunaie par le grand chemin de Clisson. Dans cette lande était dressée une grande tente au millieu de laquelle était une table. — Nous étions accompagnés du Général Canclaux et de son état-major ; cent hommes de cavalerie et 200 hommes d'infanterie. Arrivés à midi et demi nous avons fait avertir Charette que nous l'attendions. Il est arrivé avec ses principaux officiers suivis d'une escorte de 200 à 300 hommes de cavalerie. Tous ses officiers avaient de larges ceintures blanches et des panaches de même couleur ; quelques uns avaient des cocardes noires et blanches, Charette était en petite veste couleur de chair, des parements rouges, des retroussis à fleur de lys. Au bout de sa ceinture était une large dentelle noire ; il avait un petit médaillon en étoffe sur la veste du côté gauche où était brodé un crucifix avec cette légende « *Vous qui vous plaignez, considérez mes souffrances* » il avait à son chapeau un plumet mêlé de plumes vertes, noires et blanches avec deux rangs de Bourdaloue dorés. — Les autres chefs avaient une petite croix en or au côté gauche. Nous étions dix députés assis sur la même ligne ; sur l'autre se sont placés Charette, Fleuriot, Le Coëtu, d'Espinai, Sapineau, de Bruc, de Béjarry. Après avoir pris séance et nous avoir exprimé le désir d'une pacification, Charette nous a demandé si notre intention était de leur offrir l'amnistie ou le pardon ; ou bien si l'on voulait traiter avec eux ? — Delaunay a répondu que notre réunion avait pour but une conciliation. — Alors Charette nous a dit qu'il allait faire entrer leurs commissaires. — Quatre individus sont entrés. — Un d'eux que nous présumions prêtre, nous a lu un préambule par lequel il disait que « c'étaient les atrocités de tout genre et les vexations dont ils avaient été victimes qui les avaient forcés de prendre les armes pour conserver leur honneur, leur vie et leur liberté. Ensuite il nous a donné lecture de leurs propositions rédigées en 22 articles — qui se réduisent à demander : le libre exercice du culte catholique — leurs prêtres réfractaires. — Les émigrés qui sont parmi eux la restitution de leurs biens — à faire un département du pays insurgé, suppression des districts et municipalités, à assujetir les refugiés à une sanction épuratoire pour rentrer dans leurs foyers — au pardon — à les contraindre à déposer les armes, — à nous faire retirer nos troupes de la Vendée, en laissant néanmoins le passage à nos troupes pour les Sables et la Rochelle, sans qu'elles puissent y séjourner plus de deux jours — à affranchir le pays de toute contribution pendant 10 ans, à leur donner secours et indemnités ; à payer les différents bons qu'ils ont donnés pour payer les vivres de l'armée, les assignats démonétisés — à exempter de toute réquisition les habitants du pays à les dispenser de toute marque extérieure; s'engageant à observer vis à vis la République *la plus exacte neutralité*, etc.. Ces différentes propositions ont paru à la plupart de nous absurdes — en ce qu'ils voulaient former un royaume de la Vendée et traiter avec nous de puissance à puissance. — Notre conférence a été terminée par la demande d'une copie de leurs propositions ; nous l'avons attendue et nous sommes repartis à trois heures, en leur indiquant le même lieu pour rendez-vous à midi précises — Après diner, nous avons discuté leur différentes propositions, rejeté la majeure partie. — Delaunay portera demain la parole. — Nous nous sommes retirés après minuit.

Le 25. — Nous nous sommes rendus, mes neuf collègues et moi au même lieu que la veille ; aussitôt notre arrivée, nous avons fait avertir Charette et ses camarades, ainsi que Cormatin agissant pour les chouans, (les mêmes personnes qu'hier) qui sont venus nous rejoindre.

La discussion s'est ouverte sur les propositions de la veille ; Delaunai a porté la parole pour nous ; il a fait connaître nos intentions sur chacun de ces articles. — Les Vendéens ont principalement insisté sur la liberté indéfinie des Cultes, sur la faculté de se servir des prêtres réfractaires, de restituer ceux-ci à leurs biens patrimoniaux ; sur la restitution de tous les biens des condamnés à leurs légitimes héritiers ; la nécessité de retirer nos troupes de la Vendée ; de ne former qu'un département de tout le pays insurgé, de la formation d'une garde territoriale de naturels du pays ; sur la sauvegarde à accorder aux émigrés et aux prêtres sujets à la déportation qui sont parmi eux. — Delaunai a répondu à toutes leurs difficultés avec dignité et précision. — Nous nous sommes ajournés à demain à midi. — Séance levée à six heures.

En rentrant à Nantes, nous avons trouvé le rapport du citoyen François, commandant en chef la station de l'Isle Meslet, sur la Loire, dont voici copie : [1]

Aux Représentants du peuple près les armées de l'Ouest, des côtes de Brest et de Cherbourg.

« Citoyens Représentants,

« Je vous remets ci-joint une proclamation du Rebelle
« Stofflet, avec une lettre du citoyen Rozier, comman-
« dant la canonière le *Cook*, en station devant Mon-
« trelais, elle contient des détails relatifs à la réception.
« de cette proclamation. — Les différents rapports qui
« me sont parvenus depuis que les canonières ont
« repris leur poste, n'annoncent de la part des révoltés,
« qui bordent la rive gauche du fleuve, ni dispositions
« hostiles ni amicales, s'il me parvient quelques rensei-
« gnements qui puissent intéresser le bien général, je
« vous en ferai part aussitôt. Je vous salue fraternelle-
« ment. »

(1) Voir aux pièces justificatives la proclamation du Conseil de l'armée d'Anjou du 28 janvier.

« Lettre du citoyen Rozier. Nantes le 25 pluviose l'an
« III de la République. Au citoyen François, comman-
« dant en chef la station.

« Citoyen Commandant,

« Depuis avant-hier que nous sommes à notre poste,
« un petit nombre d'insurgés de la Vendée, qui sont
« ceux qui habitent sur le bord de la Loire, par notre
« travers ou un peu plus haut, en passant d'aller et de
« venir du côté de Saint-Florent, où ils ont l'air d'aller
« monter la garde, ou aux environs, nous ont adressé
« la parole plusieurs fois, en passant, ainsi qu'ils faisaient
« auparavant, s'annonçant toujours par quelque cri de :
« Vive le Roy, quelquefois Vive la République, mais
« par dérision, et ce soir, sur les quatre heures, ils nous
« ont appelés avec empressement, au nombre de quinze,
« et fait signe d'aller à terre, faisant voir un papier qu'ils
« voulaient nous donner ; après plusieurs instances, j'ai
« envoyé la toue bastinguée, armée. L'officier a été à
« terre avec précaution ; ils lui ont donné le papier qui
« est la réponse à l'amnistie de la Convention, que je
« vous fais passer ci-joint. Ils ont dit à l'officier, qui s'est
« retiré de suite, qu'il pouvait être tranquille, ainsi que
« toutes les fois qu'ils appelleraient, ils donneraient leur
« parole d'honneur qu'ils ne feraient point de mal ; il
« leur a répondu qu'ils feraient bien, pour leurs intérêts,
« qu'ils seraient fort mal reçus. Quelques autres lui ont
« dit : « La paix vaudrait bien mieux, nous la souhaitons

« bien. » Il ne s'est rien passé autre chose à vous rendre
« compte. Salut et fraternité.

« Signé : ROZIER.

Le 26. — Nous nous sommes rendus au lieu indiqué
comme les jours précédents. Nous avons discuté avec
les mêmes personnages et Cormatin. Chacun des quatre
commissaires qui les accompagnent, ont prononcé un
discours ; le premier relatif à la liberté des Cultes indéfinie ; le second relatif à la nécessité de retirer nos
troupes de Challans, Machecoul et Montaigu ; le troisième
pour demander la remise aux légitimes héritiers des condamnés, des biens confisqués ; le quatrième pour ne
former qu'un seul département.

Delaunai a répondu sur la première difficulté comme
hier, que la liberté des cultes était décrétée par la Convention Nationale dans la déclaration des Droits de la
Constitution : que tout culte était libre en France, pourvu
qu'il ne pût troubler l'ordre public ; qu'ainsi ils pourraient exercer leur culte catholique et tous autres, pourvu
qu'il n'y ait aucun signe extérieur, ni cloches ni proces-
sions. — Que les ministres de tous les cultes seraient
libres d'exercer leurs fonctions dans la Vendée, étant
salariés par ceux qui s'en serviraient. — Sur la 2me et la
4me difficulté, que ce serait attaquer l'unité et l'indivisibilité de la République que de former un département qui
serait en quelque sorte privilégié, des pays insurgés ; que
non seulement on ne pouvait pas retirer nos troupes des
ports qu'elles occupaient, mais qu'il était encore nécessaire

qu'elles entrassent dans la Vendée ; sans cela que l'on ne croirait pas à la pacification. — Sur la 3me difficulté ; il a distingué les condamnations prononcées sur la déclaration des jurés et celles qui n'étaient pas prononcées, sur la déclaration du jury. — Au premier cas, la restitution est impossible, il ne peut y avoir lieu qu'au secours. — Au second cas, les héritiers succèderont. — Ces explications ont paru satisfaire. Nous nous sommes retirés à 5 heures. — Nous rédigerons nos arrêtés et proclamations et nous rassemblerons après-demain.

Le 27. — Nous avons rédigé : 1º Un arrêté général qui doit servir de base à tous les arrêtés que nous devons prendre relativement aux Rebelles de la Vendée, et ensuite nous avons rédigé différents projets d'arrêtés que nous avons envoyés aux Rebelles pour qu'ils les examinent et nous rendent réponse demain.

Le 28. — Béjarry et les deux commissaires des Vendéens, Baudry et Auvinet, sont venus nous trouver à dix heures du soir, nous ont fait part des difficultés du Conseil des deux armées catholiques sur quelques articles de nos arrêtés. — Après une discussion qui a duré jusqu'à 2 heures du matin, nous sommes convenus de nos faits et nous nous sommes ajournés sous la tente demain à une heure.

Le 29. — Nous nous sommes rendus à la tente. Arrivés, le C. Bureau est venu nous instruire que le Conseil des Royalistes était très orageux, que l'on y proposait de soumettre les articles de la pacification à la ratification du peuple. — A deux heures, les mêmes chefs que ceux dénommés dans les séances précédentes sont venus nous rejoindre ; après quelques petits débats, tout était convenu. — Sur les quatre heures, on a annoncé l'arrivée de quatre chefs divisionnaires de l'armée de Stofflet, qui ont exprimé leur mécontentement de ce que Stofflet n'avait pas été invité à la réunion ; qu'il aurait concouru à la pacification avec les autres chefs de la Vendée. Cet incident a fait naître la proposition d'ajourner la conclusion jusqu'à l'arrivée de Stofflet. On a prétexté que la pacification serait plus complète lorsqu'elle serait acceptée par tous. — Nous nous sommes refusés au délai, et nous avons insisté pour que les chefs qui avaient traité avec nous donnassent leurs signatures. Les débats ont été longs ; Menuau et Ruelle consentaient au délai demandé, lorsque j'en ai fait sentir l'inconvénient : tout le peuple de Nantes était aux portes et sorti pour apprendre la nouvelle de la pacification, qu'il attendait d'après la promesse que Ruelle avait faite la veille à la Société Populaire. — Mes autres collègues ont partagé mon opinion, à laquelle les deux premiers se sont rendus. — Pendant ce temps, Charette a envoyé demander à son conseil s'il pouvait donner sa signature à la déclaration qu'ils faisaient de se soumettre aux lois de la République. — Le Conseil ayant répondu qu'il soumettait le tout à la prudence de lui Charette, il a signé avec Fleuriot, Le Coëttu, Sapineau et Cormatin. — De Bruc, d'Epinai, et Béjarry, ont remis à signer après l'arrivée de Stofflet. Nous avons reçu cette déclaration en échange de nos arrêtés. La séance a été levée à 7 heures et demie.

7

En entrant à Nantes, nous avons trouvé tout le peuple sur notre passage nous exprimant sa joie.

Le *1er ventôse* (*19 février*). — Le général Canclaux nous a fait part de son plan de campagne pour assurer la pacification.

Le *2*. — On nous a annoncé que Stofflet était arrivé. Bureau nous a instruits que par quelques propos entendus, ce Rebelle ne paraissait pas bien disposé.

Le *3*. — Nous nous sommes rendus à la tente. — Stofflet avec cinq de ses officiers, parmi lesquels étaient Trotouin, Bérard et Martin, sont venus nous joindre ; plusieurs officiers de Charette se sont rendus à la conférence. Charette était parti depuis deux jours pour annoncer là pacification à son armée. Stofflet nous a dit qu'il désirait la paix, qu'il aurait désiré être convoqué, qu'il se réunissait à Charette et autres, mais qu'il ne pouvait acquiescer à ce qui avait été fait sans consulter tous les habitants : il a demandé une suspension d'armes pendant deux ou trois mois. Nous nous y sommes refusés. — Il s'est borné à dire qu'il ne pouvait rien prendre sans l'avis de son conseil. — Nous y avons consenti en l'invitant à nous instruire promptement du résultat. — A neuf heures du soir, plusieurs officiers de Stofflet sont venus nous rapporter que leur conseil avait décidé que l'on demanderait un mois pour préparer les esprits à la paix. — Nous avons répondu que nous voulions en finir, et que nous ne pouvions accorder aucun délai.

Le *4*. — Des officiers de Stofflet sont venus nous annoncer qu'il était parti de la Jaunaie avec Trotouin et

Bérard ; — qu'à son départ, des Vendéens avaient eu l'indécence de crier : Vive le Roi, m..... pour la République ; mais que la majorité de ses principaux officiers lui avaient écrit pour lui annoncer qu'ils étaient décidés à accepter les conditions que nous leur offrions ; et qu'ils ne doutaient pas qu'il revint bientôt. — Le soir, de Bruc, Bousseau, le Coëdic, de l'armée de Charette, les deux Martin, Trotouin, Gibert, la Ville Baugé, Renou et quelques autres de l'armée de Stofflet ont signé avec nous et nous ont assurés des bonnes dispositions de paix de leurs différentes divisions.

Le 5. — Nous avons appris qu'un Vendéen, qui avait insulté un de nos républicains, avait été tué en duel. Le soir, on est venu nous annoncer que Stofflet avait répondu qu'il était toujours disposé à la paix, qu'il reviendrait incessamment.

Le 6. — Notre collègue Gaudin nous a écrit des Sables la lettre suivante :

« Aux Sables, le 3 ventôse, l'an III de la République
« Française une et indivisible.

« Citoyens, Collègues,

« C'est aujourd'hui le 3 ventôse et je n'ai point encore
« reçu de nouvelles de la conférence que vous devez
« avoir eue avec Charette le 23 du mois dernier. J'ai
« cependant appris par un de mes secrétaires, qui est à
« Nantes, qu'elle avait eu lieu le 24 ; mais il ne m'en
« marque pas les résultats, et naturellement il ne devait
« pas les savoir.

« Cependant, depuis sa lettre écrite, il s'est passé bien
« du temps et j'aurais dû recevoir de vous un courrier;
« je crains qu'il n'ait été intercepté ; si cela était arrivé,
« expédiez m'en de suite un autre : il faut que je sache
« ce que vous avez arrêté afin de m'y conformer. — Les
« brigands continuent toujours leurs incursions et leurs
« violences dans le district des Sables ; hier encore, au
« moins vingt-cinq de leurs cavaliers enlevèrent quatre
« chevaux d'artillerie, attachés à un caisson, entre les
« Sables et Talmont ; ils ont commis depuis le passage
« de Morisson, beaucoup d'autres délits et même des
« assassinats ; il faut que je respecte autant la parole que
« je vous ai donnée, de ne pas agir contre ces coquins,
« pour demeurer tranquille spectateur de tant de crimes
« et d'humiliations.

« Je désire que vos négociations avec Charette et les
« chefs des Révoltés aient tout le succès que vous en
« attendez, cependant, je vous répéterai toujours : Prenez
« garde à n'être pas leurs dupes ! Ayez les yeux fixés
« sur l'Angleterre et sur la saison rigoureuse qui s'écoule
« et va faire place au temps propre au débarquement.
« Quelques indices annoncent que, même dans ce
« moment-ci beaucoup d'émigrés débarquent sur les
« côtes environnant la Vendée. J'ai reçu hier un rapport
« authentique qui annonce que cinquante individus,
« déguisés en matelots, ont été débarqués sur la commune
« de Jard ; je vais donner des ordres pour que désormais
« on arrête tous les hommes qui pourraient être jetés
« sur nos côtes de cette manière. Cet événement est

« surtout ce qui m'a déterminé à vous écrire ; il peut
« vous faire faire de grandes réflexions dans la cir-
« constance.

« Nos troupes sont d'une indiscipline extrême ; elles
« pillent encore plus que les brigands ; elles vont dans
« les métairies, demandant ouvertement la bourse ou la
« vie ; elles ont volé, dans la ville, jusqu'à un bœuf de
« charroi. Le général Cordelier et le commandant de la
« place des Sables m'ont dit qu'ils étaient au désespoir,
« qu'ils ne savaient comment faire pour les retenir.
« Depuis deux mois, on a envoyé à la Commission mili-
« taire plus de soixante soldats, ils s'en moquent ; la Com-
« mission militaire de Nantes ne vaut rien ; elle les renvoie
« absous, quoique leurs crimes soient bien constatés ; et
« ils en reviennent plus indisciplinés et plus voleurs
« qu'auparavant ; au reste, une exécution faite hors de
« la vue des troupes, est perdue pour elles ; on épargne-
« rait beaucoup d'hommes si ces exécutions se faisaient
« à leur tête, l'exemple inspirerait la terreur aux scélérats.
« — Si vous entrez dans la Vendée, vous verrez un
« pillage horrible, chez le Vendéen, fait par les
« troupes de la République, ce qui poussera ce dernier
« au désespoir et rallumera la guerre. Vous n'avez qu'un
« moyen pour en empêcher, c'est de faire établir des
« Commissions qui suivent les colonnes, qui jugent en
« 24 heures, et qui fassent fusiller de suite les coupables
« à la tête des camps. Je vous le répète, cet établissement
« qui peut paraître rigoureux au premier coup d'œil,
« épargnera la perte de beaucoup de soldats.

« Je n'entends plus parler de la légion Vendéenne. Le
« Comité de Salut Public l'a-t-il rejetée ou a-t-on oublié
« de lui en communiquer le projet ? Dans tous les cas,
« revenez à la charge. Cet établissement est le plus
« utile de tous. Vous aurez au moins un corps sur lequel
« vous pourrez compter et qui, en poursuivant sans
« relâche les brigands de la Vendée, ne traitera pas en
« ennemis les Vendéens soumis. J'ai ici les chasseurs de
« la Vendée, qui brûlent d'entrer dans ce corps ; ils ont
« été organisés hier, et leur nombre se montera à une
« centaine d'hommes. Malgré que les compagnies de
« guides ne soient que de cinquante hommes, je n'ai pas
« cru devoir séparer ces braves gens, et je les ai laissés
« provisoirement ensemble, sauf votre meilleur avis.
« Salut et fraternité.

« Gaudin. »

« P.-S. — Je vous envoie un de mes secrétaires, dans
« lequel j'ai la plus grande confiance et qui la mérite.
« Vous pouvez lui dire ce que vous craindriez de
« m'écrire. Si les choses n'étaient pas terminées et que
« ma présence fut utile à Nantes, malgré qu'elle l'est
« beaucoup ici pour approvisionner l'armée et contenir
« les pillards, je partirai de suite pour me rendre auprès
« de vous. »

Le 7. — Trotouin, Gibert, la Ville Baugé, les
deux Martin, nous communiquent une lettre de Stofflet
par laquelle il leur annonçait que si on ne voulait
pas lui accorder ce qu'il avait demandé, c'est-à-dire un

mois de suspension d'armes, il était prêt à se battre. [1]

Les cinq officiers ci-dessus nommés, dont trois commandaient des divisions de Stofflet, Trotouin, chef d'état-major de l'armée, et Gibert, secrétaire, nous ont déclaré qu'ils adhéraient à la déclaration faite par l'armée de Charette et celle de Sapineau ; que demain ils se rendraient à la Tente ; qu'ils avaient écrit de nouveau pour s'y rendre.

Le 8. — Notre collègue Bruc est arrivé à neuf heures du matin, et notre collègue Nion à cinq heures du soir. — Bruc s'est rendu avec nous sous la Tente, a adhéré à tous les arrêtés que nous avions pris. — Les officiers de Stofflet ci-dessus nommés se sont trouvés réunis à Charette et Sapineau et au Conseil de leurs armées, ceux-ci ont signé la déclaration qu'ils nous avaient remise le 29 pluviôse. Les officiers de Stofflet en ont signé une dans le même sens qu'ils nous ont remise. — Tous sont rentrés à Nantes avec nous, après avoir arboré la cocarde et le panache tricolore. La pacification a été annoncée par 21 coups de canon tirés de la porte Jacques et répétés par le canon du Château.

Aussitôt la signature donnée, la musique placée derrière la tente a joué : « *Où peut-on être mieux qu'au sein de sa famille.* » Nous sommes entrés à Nantes au milieu des applaudissements d'un peuple immense, et nous avons tous dîné ensemble.

(1) Voir aux pièces justificatives la proclamation dans ce sens du Conseil de l'armée d'Anjou en date du 24 février.

J'ai reçu de mon collègue Maignen, des nouvelles de Paris et de la Convention Nationale.

Paris, 5 ventôse, an III de la République française une et indivisible.

« Maignen, Représentant du peuple à son collègue
« Lofficial près l'armée de l'Ouest.

« Des hommes qui ne comptaient pas sur le succès de
« votre mission faisaient valoir hier la proclamation de
« Stofflet, en réponse à celle par laquelle vous faisiez
« promulguer l'amnistie. Je fais aujourd'hui cesser bien
« des propos en communiquant la nouvelle que m'annonce
« notre collègue Menuau, qui me marque que la guerre
« de Vendée est enfin terminée ; que Dieu la rende
« durable et sincère, et réunisse tous les cœurs ! Voilà,
« mon ami, un grand pas que vous venez de faire pour
« la paix intérieure et extérieure, car la réunion des
« Français la commandera à l'Europe.

« Je t'ai marqué dans ma dernière lettre les motifs de
« mon silence. Sans ta lettre et celle de Menuau, j'aurais
« encore les mêmes appréhensions, d'après ce qui se
« passe dans plusieurs points de la Vendée, où des
« bandes de scélérats égorgent avec plus de fureur que
« jamais ; il importe que quelques-uns de vous se déter-
« minent à se rendre à Fontenay et à la Chataigneraie,
« pour tranquilliser les esprits, venir au secours des
« infortunés réfugiés et prendre des mesures pour enve-
« lopper ces bandes d'assassins qui infestent et portent
« la désolation dans ces deux districts.

« Je dois aussi t'instruire que des hommes dignes de
« confiance, m'informent que quelques mauvais sujets,
« qui se trouvent dans l'armée, notamment dans les
« cantons de la Chataigneraie et Pont-Charron, ont
« manifesté que rien n'arrêterait le pillage en entrant
« dans le pays. Prenez toutes les précautions nécessaires
« pour connaître ces ennemis de l'ordre public, et
« enjoignez à tous les généraux et officiers de maintenir
« la tranquillité, la sûreté, et le respect des propriétés ;
« rendez-les responsables de tous les excès qui pourraient
« se commettre par un défaut de surveillance et faites
« punir les coupables.

La Convention Nationale poursuit avec énergie tous
« les méchants qui cherchent à ramener le régime de la
« Terreur, elle les atteindra tous et en purgera la société
« en les rendant nuls et incapables de nuire. Aujourd'hui
« doit se faire le rapport de la Commission des Vingt-et-
« Un. Salut et fraternité.

« Maignen. »

Le 9. — Nous sommes allés à la Société populaire
avec les généraux Charette, Sapineau, leurs principaux
officiers et ceux de l'armée de Stofflet. — La joie la
plus vive s'est peinte par les acclamations les plus
fraternelles — Vive la République ! — Vive la Paix ! —
Vive la Convention Nationale ! — Charette a exprimé
en peu de mots sa sensibilité, et a dit qu'il ne mani-
festait d'autres désirs que de sacrifier ses jours pour
la République. — Le soir il sont allés au bal public et
ont confondu leur joie avec celle des républicains.

Le *10*. — Notre collègue Nion est parti sans nous parler : il nous a paru que l'allégresse générale était un fardeau pour lui.

Le Vicomte de Scepeaux, Dieuzic, Mesnard, députés des chouans sont venus pour se réunir et accepter la pacification faite avec Charette, ils ont désiré une entrevue avec lui ; ils l'auront demain.

Il y a eu bal paré. — Malgré le mauvais temps, le concours était immense. — L'élégance des femmes jointe à la gaité de tous a rendu ce spectacle charmant. — Les Vendéens, les chouans ont assisté à cette fête publique.

Le *11*. — Notre collègue Bruc est parti. Les députés des chouans, Charette, Sapineau, les autres chefs de la Vendée se sont réunis ; ils ont arrêté d'écrire une lettre à Stofflet pour l'engager à suivre leur exemple et accepter la paix que la république leur offrait. — Sur les deux heures, Scepeaux, Dieuzic, Mesnard et autres députés chouans se sont réunis à nous avec les chefs de la Vendée ; ils ont signé la même déclaration que ceux-ci, et qu'avait précédemment signée Cormatin.

Le *12*. — Il a été mis à la disposition de notre collègue Ruelle la somme de 200,000¹ qui doit être remise à Charette pour être distribuée en secours provisoires dans la Vendée.

Le même jour nos collègues Menuau, Dornier, Morisson sont partis pour se rendre à Paris

Le *13*. — Rien d'intéressant. — Ces députés sont partis pour faire prolonger les pouvoirs de Ruelle.

Le *14*. — Ruelle est parti pour Paris. Le même jour nous sommes allés visiter, Jarry et moi, la fonderie d'Indret.

Le *15*. — Rien d'intéressant.

Le *16*. — De Bruc, Bousseau et Fayette sont venus nous instruire que la veille à 5 heures du soir, Stofflet était allé au Fief Sauvin accompagné de 300 cavaliers enlever Martin et Prudhomme commandant des divisions du Fief Sauvin et du Loroux, que de là il s'était transporté à Clisson pour enlever les deux de Bruc. Nous avons dépêché un courrier à notre collègue Menuau pour lui dire d'agir — Nous en avons prévenu Charette.

Le *17*. — Je suis allé visiter cinq hospices militaires, le Ford, Richard, Goyer, etc,... Trois officiers de l'armée de Sapineau sont venus nous instruire que, hier, Stofflet était allé à Beaurepaire, quartier général de Sapineau, enlever plusieurs officiers, qui, eux, s'étaient sauvés à la nage. Nous avons écrit aussitôt à notre collègue Menuau à Saumur.

Le *18*. — De Bruc et Fayette nous ont appris que Charette marchait sur Stofflet, Fayette nous a remis une lettre de Charette qui nous confirmait cette nouvelle.

Chauché le 7 mars 1795. Citoyens Représentants. —

J'ai commencé à prendre les mesures que vous m'indiquez. Depuis mon départ de Clisson, j'ai à peine passé une heure à mon quartier général ; j'ai employé tous les instants à visiter plusieurs divisions de mon armée. Si je n'ai pas eu la satisfaction de les voir toutes à l'abri des manœuvres des intrigants, au moins je puis me flatter que la séduction n'a produit aucun effet don_t on puisse s'alarmer. Je suis dans l'entière confian:e que la très grande majorité de mon armée chérira la paix que nous lui avons donnée. « L'armée du centre annonce « les mêmes dispositions. Je vais me concerter avec « Sapineau pour assurer le bonheur de notre pays et le « prévenir contre les moyens qu'on emploie pour l'égarer. « J'approuve fort les mouvements que vous avez le « projet de faire faire du côté de Saumur. Ils ne peuvent « manquer d'avoir le plus heureux effet.

Signé CHARETTE »

Nous avons expédié Fayette en courrier à notre collègue Menuau pour le presser de faire marcher sur Stofflet —.

Ce même jour j'ai visité les quatre hospices militaires —

Le *19*. — Rien d'intéressant.

Le 20. — Nous sommes partis de Nantes pour Ancenis, mon collègue Jarry et moi. — Nous avons rencontré entre Oudon et Mauves notre collègue Dornier revenant de Saumur à Nantes pour concerter avec nous les mesures à prendre contre Stofflet. — Nous l'avons décidé à revenir à Ancenis, parceque dans ce moment l'entrée de nos troupes dans le païs occupé par Stofflet devait avoir lieu du côté du Layon et qu'il serait dangereux de les faire passer sur le territoire du district de Clisson qui était dans le bon chemin. Sur l'observation du général Canclaux qui nous a prouvé la nécessité de suspendre notre arrêté du 10 ventôse qui réunit à l'armée des côtes de Brest, Nantes, Ancenis et Angers, nous avons pris l'arrêté. Mes collègues m'ont chargé de rédiger une proclamation, aux habitants des districts de Saint-Florent, Cholet et Vihiers.

Le 21. — Dornier est parti avec Canclaux. J'ai pris le même jour de la Société populaire des différentes autorités constituées et d'un grand nombre de citoyens des renseignements pour connaitre la moralité et les talents des différents fonctionnaires publics et des personnes propres à les remplacer.

Le 22. — Je me suis rendu à Nantes. —

Le 23. — J'ai rédigé l'arrêté dont mes collègues m'avaient chargé. [1]

Le 24. — Je suis reparti pour Ancenis. J'ai retrouvé mon collègue Jarry revenu des mines de Montredon.

Le 25. — La fièvre m'a pris avec un gros rhume qui m'a occasionné une extinction de voix. Ce jour on a fait les préparatifs pour attaquer Montglonne (Saint-Florent le Civil).

Le 26. — A 5 heures du matin nos troupes sont entrées à Montglonne ; les rebelles ont tiré trois coups de fusil qui n'ont atteint personne, pas une goutte de sang n'a été répandue ; la garnison qui était d'environ 100 hommes a pris la fuite. — Etant toujours malade, mon collègue Jarry a bien voulu y aller à ma place avec mon secrétaire. — En arrivant à Varades ils ont trouvé

---

(1). Voir aux pièces justificatives la proclamation aux habitants de Saint-Florent, Cholet, Vihiers.

notre collègue Bézard qui venait d'Angers ; ils se sont embarqués ensemble. — En arrivant à Montglonne ils ont vu les troupes dans le plus grand désordre. — Les officiers même étaient ivres ; plusieurs soldats étaient couchés dans les fossés ; ils avaient pillé en entrant la seule maison existante qui était occupée par trois femmes ci-devant réfugiées, ne leur avaient laissé que les habits dont elles étaient couvertes ; ils s'étaient enivrés avec environ 30 barriques de vin qui paraissaient former le magasin des rebelles.

Le 27. — Bézard y est retourné tout seul. — Nous avons envoyé un courrier à Canclaux et au Comité de Salut Public pour annoncer la prise de Montglonne et ce qui s'y était passé.

Le 28. — Ma santé n'étant point rétablie, mon collègue Jarry est retourné à Montglonne avec Chauveau. — Ils ont été témoins de nouveaux pillages par nos troupes ; plus de 200 moutons et une quantité de bœufs ont été égorgés par eux ; un d'eux a été trouvé saisi de deux langues des bœufs qu'il avait tués ; ils n'ont point pris la viande que le fournisseur leur a portée d'ici.

Le 29. — J'ai rédigé l'arrêté pour arrêter ce pillage ; et expédié le même jour au comité de Salut Public et au général en chef. — Envoyé dès le matin mon secrétaire à Angers pour réclamer des subsistances pour les garnisons de Montglonne, Varades, Ingrandes et Ancenis, et faire fournir par Angers le pain à Montglonne.

Le 30 — 20 chouans ont attaqué 13 hussards au pont de la Foucherie, leur ont tiré 20 coups de fusil ;

les hussards qui n'avaient pas de fusils les ont chargés à coups de sabre, en ont tué deux.

Le *1er Germinal*. — Je suis allé à Montglonne, la garnison n'avait point eu de pain ni le jour, ni la veille. Ancenis n'avait eu qu'une demi-livre ; ce qui avait mécontenté la garnison, particulièrement le bataillon de Saône-et-Loire qui s'est rendu en armes en menaçant, si on ne lui donnait pas du pain. A l'aide du commandant de la place et des officiers du bataillon nous sommes parvenus à les apaiser et à les faire rentrer chez eux. Le même jour j'ai amené dans mon bateau 48 quintaux de farine faisant partie du convoi destiné pour Ancenis, qui était embardé au-dessous de Varades. Je l'ai fait pétrir la nuit pour faire la distribution de bon matin.

Le 2. — La garnison de Montglonne n'a point encore eu de pain ; elle a été attaquée par Stofflet à la tête de 3000 hommes et une pièce de canon quoique nos soldats fussent à jeun et tombant de besoin, ils se sont battus avec courage, ont chargé avec la bayonette, ont pris la pièce de canon, ont tué une quarantaine de rebelles ; le reste s'est précipité dans la rivière d'Erdre, plusieurs se sont noyés. — J'ai fait partir le soir à 7 heures 1600 rations de pain et donné des ordres pour faire fabriquer 1500 autres rations. J'ai ensuite rédigé pour mes collègues du Comité du Salut Public le rapport suivant : « Hier, citoyens collègues, à deux heures et demie de l'après-midi, Stofflet à la tête de 3000 hommes, s'est présenté devant Montglonne et a commencé l'attaque par trois ou quatre coups de canon ; nos volontaires l'ont laissé approcher sans riposter et lorsque les Stoffletains ont été assez près, ils ont reçu une décharge générale de mousqueterie ; et aussitôt nos braves soldats les ont chargés la bayonette en avant, se sont emparés de la seule pièce de canon en bronze que Stofflet avait, ainsi que de cinq chevaux qui la traînaient ; il a trouvé son salut dans la fuite ; tous les siens se sont précipités dans la rivière de l'Erdre, qu'ils ont passée à la nage ; plusieurs se sont noyés ; une trentaine d'hommes sont restés sur le champ de bataille. Sept autres ont été faits prisonniers parmi lesquels s'est trouvé un des chefs de l'armée de Stofflet. De notre côté nous n'avons eu que sept blessés ; un est mort en arrivant ici, les autres sont hors de danger. Il est huit heures du matin, on vient d'entendre trois coups de canon ; une ordonnance vient de m'instruire que les Stoffletains étaient revenus à la charge et que dans ce moment, ils attaquaient Mont-glonne ; je m'y rends de suite. Je ne dois pas terminer cette lettre sans faire l'éloge de la bravoure de nos troupes ; elles se sont battues avec un courage d'autant plus surprenant que, depuis deux jours, elles sont absolument sans pain ; et le 30 ventôse, elles n'eurent que demi-ration. La garnison d'Ancenis, elle-même sans pain, n'a pu leur en faire passer. Je crois, citoyens collègues, qu'il y a beaucoup de malveillance de la part du commissaire ordonnateur d'Angers. En ne fournissant pas les vivres au soldat, on le force à se répandre dans la campagne et à piller, et il n'y est déjà que trop disposé.

Les 26, 27, 28, il ne manquait pas de vivres ; il se répandit néanmoins dans la campagne, pilla, et égorgea une quantité considérable de bœufs et de moutons. Il ne faut pas vous dissimuler, citoyens, qu'il est encore des êtres qui ne respirent que pour éterniser la guerre dans ce trop infortuné pays et ils savent que le meilleur moyen d'y parvenir est de laisser ou de forcer le soldat à piller ; les pillages de Chalonnes et de Montglonne ont augmenté du triple les forces de Stofflet. De grandes mesures se préparent, avant le 15, vous aurez des nouvelles intéressantes. Salut et fraternité.

Le 3. — Je suis allé à Montglonne. J'ai visité la garnison, Dornier et Menuau m'ont communiqué une lettre de notre collègue Delaunai actuellement à Paris, en réponse à une demande de poudres faite par Charette au Général Canclaux.

« *Paris, le 28 ventôse, an III de la République*
« *Française une et indivisible.*

« Les affaires multipliées, chers collègues, dont les
« comités du gouvernement se trouvent chargés, les cir-
« constances du moment ne permettent pas que nous
« vous donnions une solution sur la demande de poudre
« faite par Charette. Comme Ruelle, Bolley et moi, ne
« nous rencontrons pas aisément et que je veux néan-
« moins profiter du courrier du général Canclaux, je
« vais vous faire part de ce que je prévois que les Comités
« pourront répondre.

« La solution de cette question dépend du plus ou du

« moins de confiance que l'on doit accorder à Charette.
« C'est aux Représentants du peuple, sur les lieux, que
« l'on doit s'en rapporter pour examiner et juger le plus
« ou le moins.

« Les comités ne peuvent le décider eux-mêmes : quant
« à moi, Charette m'a inspiré une telle confiance, que je
« le crois sincère dans son retour à l'ordre. Si vous le
« refusez, vous pouvez l'aigrir et jeter dans son âme un
« esprit de méfiance qu'il faut avoir soin d'écarter. Notre
« collègue Bézard m'a annoncé la prise de Chalonnes ;
« Lofficial me marque que le Montglonne a dû être
« attaqué et pris le 26. En marchant le 30, et ne laissant
« pas un seul instant respirer Stofflet, nous éviterons
« l'effusion du sang ; mais surtout que l'on évite le
« désordre dans la marche des troupes.

« Les pouvoirs de Dornier sont prorogés ; si vos opé-
« rations contre les Stoffletains sont terminées, ou que
« vous puissiez quitter sans inconvénient, nous vous
« attendons le 10 germinal à Rennes. Tout va bien dans
« cette partie ; les chefs des Chouans se rendent dans
« cette commune et nous attendent avec impatience pour
« la pacification générale.

« Boishardy et les autres chefs parcourent les canton-
« nements pour y annoncer la paix. Le 17, s'est célébrée
« à Segré, la fête de la Réunion et de la Paix. Là, les
« chefs des Chouans des districts de Segré, Châteauneuf
« et Château-Gontier, se sont rendus et ont fraternisé ;
« ceux du district de Craon se sont joints aux premiers ;
« tous ont été à Château-Gontier où, le 20 de ce mois,

« une fête a eu lieu. Là, une centaine de Chouans ont
« pris la cocarde nationale et promis d'exterminer, eux-
« mêmes, ceux qui voudraient continuer à chouanner.
« — Les chefs des Chouans d'Anjou se rendent à Laval
« pour tâcher de connaître les Chouans qui commandent
« dans cette partie, ainsi que dans les environs de La
« Flèche et du Mans et les ramener eux-mêmes à la
« pacification.
« Espérons tout de la justice et de l'humanité.

« Signé : Delaunai. »

Le 4. — J'ai donné des ordres au Commissaire des
guerres, pour faire enlever le grain des métairies aban-
données, après que la quantité aura été constatée, afin
de les soustraire au pillage, les conserver aux propriétaires, ou leur en rendre la valeur lorsqu'ils la réclame-
ront, si l'on est obligé de s'en servir.

Le même jour, j'ai vu les six prisonniers faits le 2, à
l'affaire de Montglonne, dont l'un se dit adjudant général
de la cavalerie de Stofflet, et être de Mazières, près Cholet.

J'ai cherché à calmer leurs inquiétudes, ils s'attendaient
à être fusillés ; je leur ai donné quelques secours et je les
ai fait mettre en arrestation dans une autre maison qu'à
la prison.

L'adjudant m'a donné plusieurs renseignements précieux sur les forces de Stofflet, sur ses ressources, et a
offert de conduire et à ses magasins et dans le lieu où
ses canons étaient enfouis. — Je l'envoie à Canclaux
avec son camarade.

Le 5. — J'ai fait partir l'adjudant de Stofffet et son camarade et je les ai envoyés à Canclaux. J'ai quitté Ancenis et je suis venu à Nantes.

Le 6 et le 7. — J'ai gardé le lit, ma santé étant très mauvaise.

Le 8. — Nous avons reçu une lettre de Gaudin, contenant copie de sa correspondance avec Charette. Je transcris le tout.

Aux Sables, le 4 germinal an III de la République « Fraçaise une et indivisible.

Chers Collègues,

« Je vous ai marqué par ma dernière, la position cri-
« tique où se trouvait cette partie de la Vendée ; la
« faiblesse des forces qu'on laisse, m'effraie à cet égard.
« Déjà mes pressentiments se réalisent : les Révoltés
« commencent leurs hostilités et menacent d'une guerre
« ouverte. Savin, entre autres, ce scélérat que Charette,
« s'il est de bonne foi, avait promis de faire fusiller, et
« qu'il a trop épargné, cherche le prétexte de torts qu'on
« n'a pas eus, pour avoir l'occasion de rallumer le flam-
« beau de la guerre civile. — En effet, les propriétés des
« Vendéens on été respectées ; si on a enlevé quelques
« grains ou fourrages, au-delà de mes lignes, ce n'a été
« que de gré à gré et en payant le prix. J'avais même
« hier, aux Sables, un chef de l'armée de Charette,
« nommé Alard, qui, malgré les nombreux délits des
« révoltés, a été traité ici comme un frère ; un autre

« chef, qui est encore en cette ville, est traité également
« et partira demain, porteur d'une lettre à Charette, dont
« je joins ici copie. Le secret des menaces de Savin et
« des crimes de ses troupes, est dans la faiblesse des
« forces qu'il voit qu'on a à lui opposer ; et il est à pré-
« sumer que quand la guerre sera commencée contre
« Stofflet, elle éclatera ici. Il est impossible, chers
« collègues, de laisser insulter la République par ce vil
« scélérat, et de ne pas se mettre en mesure contre lui.
« Je vous ai dit que si la guerre éclatait dans ces cantons,
« nous serions obligés d'évacuer nos postes, d'aban-
« donner le territoire fidèle : songez aux conséquences
« qui en résulteraient ; que de patriotes abandonnés,
« ruinés, égorgés ! Songez que tous les habitants des
« campagnes, qui ont peu de lumière, et qui se rangent
« ordinairement du parti du plus fort, se voyant aban-
« donnés par les troupes républicaines, pourraient se
« réunir aux brigands et augmenter leur armée. Quel
« coup cela ne porterait-il pas à l'opinion publique ? Je
« n'ai point voulu m'opposer à la marche des troupes
« que l'on a tirées des divisions de Challans et des Sables ;
« cependant, si tous les renseignements que j'ai reçus
« aujourd'hui, m'étaient parvenus plus tôt, peut-être me
« serais-je permis d'arrêter la marche de quelques
« bataillons, malgré votre invitation de les laisser partir.
« Je demande donc que l'on m'en renvoie trois ou quatre :
« entr'autres, le second bataillon des chasseurs francs,
« et le cinquième de la Dordogne, car nous n'avons ici
« que d'assez mauvaises troupes et, je le répète, la guerre
« est sur le point d'éclater.

« Je vous ai très souvent ennuyés de mes longues
« jérémiades, mais je ne suis pas un homme qui s'alarme
« de peu. J'ai été à même d'apprécier les choses, et on
« n'a jamais vu d'intentions bien pacifiques dans les
« divisions commandées par Savin et Delaunai. Vous
« vous êtes trop fiés à Charette ; je crois, ainsi que vous,
« qu'il a été de bonne foi, mais, dans ce cas, il n'a pas
« toute l'autorité possible sur les petits chefs qui sont
« sous ses ordres, car ils ont tout un autre langage,
« toute une autre conduite que lui. Nous verrons l'effet
« que fera la lettre que je lui écris. S'il veut sincèrement
« la paix de son pays, et le rendre à la République, il
« n'a pas d'autre parti à prendre que de s'entendre avec
« moi, de faire marcher les troupes qui lui sont fidèles
« avec celles de la République contre quelques scélérats
« ennemis de tout ordre social.

« Faites passer promptement copie de la lettre que je
« vous écris au général Canclaux. Les choses sont trop
« pressées pour que j'aie le temps d'en faire copier un
« double et de lui écrire. Il ne faut pas voir qu'un point
« dans cette grande affaire ; lorsqu'il aura quatre
« bataillons de moins, il aura encore assez de troupes
« pour battre Stofflet.

« Les bons cultivateurs ne désirent que la paix, il est
« malheureux que la Convention Nationale n'ait pas
« prononcé plus tôt sur le traité fait entre vous et
« Charette à Nantes ; cela tient les esprits dans une
« indécision funeste. Il y a aussi un objet qui nuit beau-
« coup à nos affaires ; ce sont les jeunes gens de la

« réquisition que nous avons promis de rendre aux
« parents qui les réclameraient et sur le sort desquels
« vous m'avez invité à ne rien prononcer encore ; cela
« empêche ceux qui sont chez les Révoltés de rentrer
« dans leurs foyers, et fait murmurer les pères de ceux
« qui sont au service de la République, qui disent qu'on
« les traite plus mal que les Révoltés. Il est instant de
« prendre un parti ; conseillez-moi la conduite que j'ai à
« tenir à cet égard. Je vous ai écrit, dans ma dernière,
« que quelques paysans que j'ai interrogés et qui venaient
« de Beaulieu, m'ont assuré que Delaunai était rentré
« dans sa division et s'y tenait caché. Ne perdez pas
« cela de vue. Salut et fraternité.

« Gaudin. »

Copie de la lettre de Gaudin à Charette.

« Citoyen,

« On commet tous les jours des infractions au traité
« qui a été fait entre vous et les Représentants du peuple
« à Nantes. J'ai reçu les plaintes les plus graves des
« communes de Bretignolles, Saint-Martin de Bremmes,
« etc. Mais voici un fait d'une plus haute importance, et
« qu'on ne peut rejeter sur le compte de quelques voleurs
« que vous ne pouvez contenir. Un commandant du 3me
« bataillon de Paris, avec son domestique, a été enlevé
« par un détachement de cavalerie de la division de
« Savin ; l'agent secondaire pour l'encadrement des
« troupes de la République, avait été aussi pris par le

« détachement et ne lui a échappé que par un heureux
« hasard. Je joins ici son rapport, il vous instruira plus
« particulièrement de cet événement qui s'est passé sur
« la grande route de Challans aux Sables.

« Je suis un ami de la paix ; j'ai fait tout ce que j'ai
« pu pour faire cesser le massacre de la Vendée et
« sauver le reste de sa malheureuse population. Mais je
« ferai respecter les sujets de la République et le carac-
« tère dont je suis revêtu. Je demande formellement
« qu'on me restitue l'officier qui a été pris avec armes,
« chevaux, et tout ce qui lui appartient, ainsi que son
« domestique, et qu'on m'envoie le commandant du
« détachement qui l'a pris. Le délit a été commis au
« dedans de nos lignes ; il est justiciable des autorités
« républicaines. J'ai encore une autre demande à vous
« faire ; c'est que vous ordonniez à tous vos comman-
« dants de restituer les déserteurs qui ont passé chez
« eux depuis le traité de paix. Maubuée, entr'autres, a
« reçu chez lui un officier du 110me régiment d'infanterie
« qui, après avoir volé trois prêts à sa compagnie, s'est
« réfugié à Saint-Vincent-sur-Graon. Ce Maubuée a aussi
« d'autres déserteurs qu'il a refusé de restituer sur
« différentes réclamations, qui lui ont été faites par le
« commandant du 2me bataillon des chasseurs francs en
« cantonnement à Saint-Cyr. Vous devez sentir, citoyen,
« que cette mesure est aussi nécessaire pour la tranquil-
« lité du peuple Vendéen que pour la discipline de nos
« troupes ; car un mauvais sujet qui a commis quelque
« pillage ou quelque assassinat, pour éviter le chatiment

« qu'il a mérité, se réfugie parmi vous dès qu'il est
« découvert.

« Je vous avais demandé de vous entendre avec moi
« pour réprimer le brigandage. Vous ne m'avez fait
« aucune réponse à ce sujet et vous avez demandé
« l'élargissement de brigands qui étaient en prison pour
« avoir volé deux montres au maire de Longueville, et
« avoir participé au massacre d'un habitant de cette
« commune ; je vous déclare qu'aucun d'eux ne sera
« restitué et que nos troupes ont ordre de faire feu sur
« les troupes de vos postes qui passeront nos lignes en
« armes ; il est dur d'en venir à ces extrémités avec des
« hommes qu'on voudrait regarder comme des frères,
« mais la tranquillité publique et la protection que l'on
« doit aux habitants paisibles des campagnes, obligent
« à cette mesure. Au reste il faut vous parler avec
« franchise : l'estime que j'ai conçue pour vous me
« fait croire que vous n'êtes pas trop maître de vos
« sous-ordres. Ils ont une toute autre conduite et tout
« un autre langage que vous et je vous prie de ne pas
« trouver mauvais que nous en fassions justice, lorsqu'ils
« s'écarteront de la ligne du traité.

« J'ai vu ici Allard ; j'aurais pu l'arrêter par repré-
« sailles et lui faire éprouver le sort qu'éprouvera le
« commandant du bataillon de Paris. Mais j'ai pensé
« que vous rendriez justice et je vous ai envoyé cette
« cause pour cette fois. Je ne crois pas être trompé dans
« mes espérances ; autrement j'en agirais autrement
« dorénavant.

« Je ne vois point s'établir entre les habitants du
« pays insurgé et les autres habitants de la Vendée cette
« communication, cet échange de denrées, que nous
« avions lieu d'espérer et qui auraient servi à faire
« oublier toutes les haines et réunir tous les partis. Je
« sais au contraire qu'on les empêche de commercer
« avec les communes républicaines, qu'on empêche
« également de rentrer dans leurs foyers ceux qui avaient
« abandonné ces communes soit par opinion, soit par
« crainte de la Révolution. Tout ce qui se passe autour
« de nous est fait pour donner de la défiance ; il ne
« tient qu'à vous de le faire cesser, en communiquant
« franchement avec nous, et en prenant des mesures
« ensemble ; peut-être vous-même, êtes-vous trompé ?
« Peut-être verrez-vous un parti s'élever, dans ces
« quartiers, contre vous et la République ? Car je vous
« crois toujours de bonne foi.

« Je vais établir ici des ateliers pour fabriquer toutes
« sortes d'instruments propres au labour, afin de les
« répandre ensuite dans la Vendée, qui doit en manquer.
« On pourra entrer quelques lieues dans le pays pour
« y chercher des bois propres à faire des raies de
« charettes, surtout du côté des Clouseaux, où l'on
« croit qu'il y en a. Si vous êtes maître des petits chefs,
« qui commandent dans ces quartiers, je vous prie
« d'ordonner qu'ils protègent cette opération. Je vous
« prierais aussi de faire lever les postes de Saint-Vincent
« sur Graon et Bois Groleau qui inquiètent les voyageurs
« et d'où partent presque tous les brigandages qui se

« commettent. Nos troupes ne s'établiront pas plus
« avant pour cela. Salut et fraternité. »

« Signé : GAUDIN »

Le *9*. — Je suis allé passer la revue du camp de Ragon :
L'avant-garde était composée de 2,400 hommes ; le corps
de bataille de 4,000 et quelques cents hommes ; plusieurs
bataillons avaient mis sur leurs drapeaux l'arrêté du 29
ventôse, concernant la punition des pillards.

Le *10*. — Jarry et Chaillou sont partis pour Rennes.
Nous nous sommes préparés pour partir demain à neuf
heures.

Le *11*. — Je suis parti de Nantes avec le général
Beaupuy pour faire la campagne de la Vendée. — Nous
sommes venus coucher à Vallet. Nos troupes ont campé
dans un grand clos de vignes au-dessous de la rue Belair.

A Vallet, nous avons trouvé tous les habitants dans
les rues, ils avaient été prévenus de notre arrivée et des
principes de justice et d'humanité qui nous dirigeaient.
Le comité de Vallet, établi par les Vendéens, n'a même
pas fui, il nous a au contraire reçus et nous a procuré ce
qui nous était nécessaire. Un volontaire vola 100 francs
à une femme, il a été arrêté.

Le *12*. — Nous avons divisé notre colonne forte de
7,000 hommes ; nous en avons fait passer 4,000 par
Beaupréau, et 3,000 à Saint-Macaire. Nous avions détaché
100 hommes de cavalerie, 10 gendarmes et 10 guides
pour nous accompagner, le général Beaupuy et moi,
nous sommes venus à Montigné, dîner ; — étant sur les

hauteurs, nous avons aperçu les habitants qui fuyaient et allaient se cacher. J'ai député l'adjudant de Montfaucon, qui nous accompagnait, pour leur annoncer que j'étais là. — Alors la sécurité s'est rétablie, et tous étaient dans les rues à mon passage. Ma sœur était à Torfou. Nous avons dîné ; j'ai appris là que tous mes meubles avaient été vendus par le comité des Rebelles.

A Montfaucon, nous avons trouvé également tout le monde dans les rues, et parfaitement rassurés. Les habitants de Tilliers ont reçu également avec beaucoup de témoignages d'affection nos soldats. — En passant, nous avons envoyé un gendarme au château de la Perrinière voir si Rostanies y était ; tout était ouvert, il n'y avait personne. — Il était plus de six heures et demie du soir, et nous étions encore à la Perrinière ; nous pensions que l'avant-garde de 3,000 hommes, qui était passée par Tilliers, était rendue à Saint-Macaire ; nous envoyâmes en avant le C. Taillefer, adjoint du général Beaupuy, avec six guides pour préparer nos logements.

En arrivant, environ vers 7 heures et demie du soir, il fut fusillé par 14 à 15 brigands embusqués dans un genêt près le bourg ; ils furent poursuivis, deux d'entre eux furent tués. Notre avant-garde n'était point arrivée ; il était plus de 8 heures quand nous entrâmes à Saint-Macaire ; nous n'y trouvâmes absolument personne ; tous avaient fui à notre approche laissant portes, fenêtres et meubles ouverts. Nous nous logeâmes à la cure, et notre colonne, retardée par l'embarras où s'étaient trouvées nos ambulances, n'arriva qu'à onze heures du soir.

Nos soldats entrèrent dans les maisons qu'ils trouvaient ouvertes, buvant le vin ; et plusieurs pillèrent ce qu'ils trouvèrent. — Nous les fimes partir dès 6 heures du matin, le 13 et dans la lande de Bégrolles, nous fimes vider les sacs où nous trouvâmes plusieurs effets qui seront rendus aux propriétaires.

Le 13. — Nous arrivâmes à Cholet ; une colonne aux ordres du Général Beauregard était campée près la Treille. — Nous ne trouvâmes également personne à Cholet ; tous avaient fui à notre approche.

Le soir nos collègues Morisson et Dornier arrivèrent avec le général Canclaux ; ils venaient de Mortagne où ils avaient établi 4000 hommes. Notre avant garde a été établie près le Bois Groleau en attendant le corps de bataille.

J'ai reçu du Comité de Salut Public la réponse du 3 germinal. — « Paris, le 9 germinal, an IIIᵉ de la Répu-
« blique Française une et indivisible. Le Comité de
« Salut Public de la Convention Nationale au Repré-
« sentant du peuple Lofficial. —

« Nous recevons, cher Collègue, ta lettre du 3 germi-
« nal ; nous voyons avec plaisir que tu cherches à serrer
« de près Stofflet, tu te plains du pillage, tu sens toi-
« même combien une semblable conduite aliénerait
« l'esprit des habitants. D'ailleurs un soldat qui pille
« n'est plus à son poste ; nous te recommandons d'être
« très sévère à cet égard, de punir conformément à la
» loi les délinquants et surtout de rendre les chefs
« responsables des désordres ; ils n'arriveraient jamais

« si la discipline gradative était bien observée. Punissez,
« deux exemples font plus d'effet et retiennent plus
« de monde que dix pages de morale.

« Observe particulièrement la conduite du commis-
« saire ordonnateur d'Angers ; il est possible que des
« obstacles aient empêché l'arrivage du pain, sans que
« ce soit de sa faute. Si cela arrivait plusieurs fois, s'il
« mettait de la négligence dans son service, écris nous
« et nous le ferons remplacer. »

« Salut et Fraternité. »

Les Membres du Comité de Salut Public : Lacombe,
   du Tarn, Chazal, Boissy, Merlin, (d. D.) Sièyès,
   La Porte, Raibell.

Le 14. — Le général Canclaux reçut une lettre de
Stofflet qui lui exprimait son désir d'une entrevue avec
les Représentants du peuple pour parvenir à la pacification. Nous lui avons fait répondre que nous nous
rendions le 16 à la maison de la Haye près Mortagne à
midi précis. A ce propos j'ai écrit à Dornier et à
Morisson en ces termes : « Vous êtes sages et prudents,
« citoyens collègues, je suis convaincu que vous ferez
« pour le mieux ; j'adhère donc à tout ce que vous ferez.
« Je regrette que ma blessure m'empêche de me rendre
« auprès de vous. Je ne puis me défendre d'un senti-
« ment de méfiance contre la sincérité de toute propo-
« sition pacifique de la part de Stofflet. C'est du temps
« qu'il veut gagner et se jouer ensuite de nous. Il
« connait nos arrêtés relatifs à la pacification des autres

« pays insurgés ; il ne pouvait que les accepter et il les
« a ouvertement rejetés ; et puis nous ne pouvons nous
« dissimuler les uns et les autres qu'il y a quelques
« articles dans nos arrêtés dont nous pouvons le faire
« jouir sans le plus grand danger pour la chose publique,
« tels que ceux relatifs à la garde territoriale. Passez
« lui cet article, vous verrez à la solde de la République
« tous les sicaires qui seront toujours, tant qu'ils exis-
« teront, les fléaux du pays. Vous aurez en outre à
« rembourser son papier monnaie, qu'il a émis avec une
« profusion étonnante. Laisserez-vous les armes à ces
« coupe-jarrets, sans craindre qu'ils ne s'en servent
« pour chouanner ? Enfin ce chef des rebelles qui a
« rejeté trois fois l'amnistie qui lui était offerte, qui
« s'est rendu à deux entrevues sans rien terminer,
« mérite-t-il une nouvelle condescendance de notre part ?
« Pouvez-vous croire qu'il veuille sincèrement se réunir
« à la République et qu'il le puisse tant qu'il sera
« gouverné par Launay et Bernier ? Ne devez-vous
« pas craindre qu'il ne profite de l'espèce de suspension
« d'armes que ces pourparlers entraîneront que pour se
« recruter par la force et la terreur qu'il inspire ?
« Rappelez-vous que c'est lui qui vient de rallumer la
« guerre des chouans ; poursuivons la bête fauve,
« puisqu'elle est lancée et ne l'abandonnons qu'à la
« curée. Au reste, je vous le répète, mon avis est tou-
« jours subordonné au votre. »

LOFFICIAL.

Le *15*. — La nuit du *14* au *15*, nous recûmes une nouvelle lettre de Stofflet qui demandait que l'entrevue fût différée au 17. — Accordé. —

Le *16*. — Dans la nuit du 15 au 16, Canclaux reçut nouvelle lettre de Stofflet qui demandait que l'entrevue eût lieu au moulin de la Fréjolerie près Chaubrognes. — Refusé ; persisté dans la première indication, Le 16, Rostaing et Bézard se sont rendus à nous.

Le *17*. — On a fusillé un soldat qui avait volé un portefeuille à une femme en la menaçant de la tuer. Le même jour, nous sommes, Dornier et moi, allés à Mortagne avec le général Canclaux visiter le camp. Nous avons répondu à Charette qui demandait une entrevue. Ci-joint copie des deux lettres.

Belleville, 5 Avril 1795.

Citoyen Représentant,

« Je suis bien sensible aux choses honnêtes que vous
« me dites par votre lettre du 13 germinal, que je
« reçois à l'instant. Je redoublerai mes efforts pour vous
« convaincre de la loyauté de mes sentiments. Combien
« je suis porté à maintenir nos accords et un traité qui
« doit faire le bonheur public. Nuit et jour, je travaille
« pour me mettre en mesure, afin d'assurer la tranquil-
« lité générale de notre pays, procurer aux voyageurs
« la sécurité des routes, en écartant les malveillants.
« Tel est l'objet de ma sollicitude, dans l'espoir d'obtenir
« votre assentiment et mériter votre approbation.

« Rien ne me flatte plus qu'une conférence avec vous.
« J'accepte avec plaisir celle que vous me proposez
« à Mortagne. Dès que vous serez de retour de Saumur,
« faites-moi savoir à Beaurepaire, où je pourrais être, et
« d'où, en tout cas, je recevrai exactement l'avis, le jour
« de votre commodité. Je ne manquerai pas de m'y
« rendre. Je profiterai de ce moment pour vous commu-
« niquer quelques lettres que m'a écrites le représentant
« du peuple, Gaudin, et les réponses que j'y ai faites.
« Pourquoi n'a-t-il pas votre manière de voir ? Pourquoi
« tant de sombre dans sa correspondance, tant de dé-
« fiance, tant de reproches, tant d'amertume, tant de
« menaces ? Lorsqu'il est informé des précautions que je
« prends pour empêcher les troubles de se renouveler,
« lorsqu'il ne peut se dissimuler la franchise de ma con-
« duite, lorsqu'il sait que je suis prêt de voir couronner
« mes efforts du succès le plus complet ; que l'ordre, en
« un mot, va renaître, les communications s'établir
« aussi librement que jamais. Sans doute, des malveil-
« lants, des agitateurs, ont surpris sa bonne foi : aidez-
« moi à les déjouer, à accélérer le jour où le représen-
« tant Gaudin saura les apprécier et leur donner le
« mépris qu'ils méritent.

« J'ai eu l'honneur, Représentant, de vous adresser,
« l'un de ces jours, une lettre par la voie de Nantes. Je
« vous faisais part de mes mesures, vous disais un mot
« du parti que le général Canclaux avait trouvé bon et
« très à propos de me faire délivrer des poudres, de l'avis

« qu'il m'avait donné que vous l'aviez approuvé et
« ordonné cette remise.

« Je finissais par vous prier d'observer que le moment
« pour cette délivrance était urgent. En effet, dénué de
« cette munition, quelles forces pouvais-je opposer à
« Stofflet, s'il repassait la Sèvre, si, après s'être recruté
« peut-être dans l'armée du Centre, il venait à se porter
« sur moi.

« Il en faut d'ailleurs pour le service de la police,
« pour le maintien de la tranquillité et de la sûreté
« publiques. Pesez, Représentant, les considérations et
« donnez vos ordres.

« Salut, amitié et fraternité.

« Signé : CHARETTE. »

Copie de ma réponse à la lettre de Charette :

« Mortagne, 17 germinal, au citoyen Charette, à Belle-
« ville.

« Nous recevons, citoyen, la lettre que vous nous avez
« écrite hier. Forcés d'accompagner nos troupes qui vont
« se mettre en mouvement pour occuper leurs positions,
« nous ne pouvons revenir à Mortagne avant le 25 de ce
« mois, répondant au 14 avril, vieux style ; nous espé-
« rons que vous vous y rendrez et que vous vous réuni-
« rez à nous pour assurer, dans ce malheureux pays, la
« tranquillité à laquelle nous aspirons et rétablir la
« confiance si nécessaire pour opérer le bien.

« Le C. Favette, que nous avons vu ce matin à Cholet,

« et qui se rend à Maulévrier, vous dira où nous en
« sommes avec Stofflet. Nous ne nous repentirons
« jamais d'avoir employé les moyens propres à concilier
« les esprits. L'éloignement de Stofflet à la pacification
« nous afflige et doit affliger tous les amis de l'humanité.
« Nous allons écrire à notre collègue Gaudin, relative-
« ment à ce que vous nous marquez. Personne plus que
« lui ne désire la paix et le bonheur de ce pays : c'est
« sans doute la conduite de M. Maubuée et de quelques
« autres, dans les environs des Sables et de Chalans, qui
« a pu lui faire craindre le retour des hostilités.
« Nous terminons par vous assurer de la pleine
« confiance que nous avons dans votre loyauté et dans la
« pureté de vos intentions. Déjà vous avez bien mérité
« de l'humanité en concourant avec nous à la pacification
« de la Vendée et vous acquerrez de nouveaux droits à
« l'estime de vos concitoyens, en réunissant vos efforts
« aux nôtres pour déjouer les projets hostiles de Stofflet
« et éviter l'effusion du sang. » —

Signé : Lofficial et Dornier.

Le *18*. — Nous avons arrêté le plan de campagne et
la distribution des troupes sur le pays occupé par
Stofflet.

Le *19*. — Nous avons reçu la déclaration de Rostaing,
Bérard, Monnier, Lhuillier, Perere, Legé, Germain Bez,
Desormeaux le jeune, chefs de division et membres du
conseil de Stofflet, par laquelle ils déclarent reconnaître

la République, se soumettre à ses lois, et ne jamais porter les armes contre elle.

Sur les 7 heures du soir, nous avons reçu un message de Stofflet qui nous invitait à nous rendre à la maison de la Haye, près Mortagne ; qu'il s'y rendait : — nous sommes partis de suite : arrivés à 9 heures, nous avons attendu une heure Stofflet qui est venu avec de Launay, de Céris, de Jousselin, Valois, Beaurepaire et trois autres ; ils nous ont fait plusieurs demandes que nous avons combattues comme contraires à l'unité et à l'indivisibilité de la République ; on était d'accord, et Stofflet semblait être convaincu que les arrêtés faits pour le pays occupé par Charette et Sapineau convenaient pour ce pays-ci, lorsqu'il nous a dit qu'il avait envoyé deux députés aux conférences à Rennes, et qu'il leur avait promis de ne rien faire avant leur arrivée, mais il donnait sa parole qu'il terminerait aussitôt leur arrivée. Rien n'a pu le faire changer de résolution, ce qui nous a fait penser que ce n'était qu'une défaite. Nous sommes montés à cheval à minuit et rendus à Cholet, nous avons arrêté de faire marcher dès demain contre lui.

Le 20. — Je suis parti à trois heures pour me rendre à Montfaucon ; arrivé avec les grenadiers du 74me, 15 chasseurs et 10 guides à huit heures du soir. J'ai logé les grenadiers à la Frérie et je me suis logé dans la maison de M. Pineau, chirurgien.

Le 21. — J'ai examiné le lieu où nous pouvions placer le camp. Je me suis fait accompagner du capitaine de grenadiers et du lieutenant, commandant les 15 chasseurs. Nous avons pensé qu'il serait bien placé au Moulin de la Verdrié. Le régiment est arrivé à une heure.

Le même jour, sur les 9 heures du matin, des grenadiers postés au pont de Moine m'ont amené l'abbé Gourmonière qui leur avait demandé ce qu'ils faisaient là, s'était trouvé offensé de ce qu'ils l'avaient appelé « citoyen » et leur avait dit que M. Charette les allait faire déloger sous deux heures.

Le connaissant pour mauvaise tête, je l'ai sermonné, lui ai ordonné les arrêts, et je l'ai engagé à se réunir à nous pour ramener les esprits trop longtemps égarés.

Le 22. — Le camp et le détachement qui est à Montigné n'ayant point de viande, j'ai donné ordre de tuer deux bœufs. — J'ai envoyé deux ordonnances à Cholet pour demander du pain, la distribution ayant manqué ce jour. J'ai également avancé le prêt aux chasseurs qui était dû depuis 20 jours.

Le même jour, l'on m'a amené deux paysans qui au poste de la Croix avaient répondu à « Qui Vive » — « Royalistes ! » L'habitude de répondre ainsi aux postes des Brigands, leur simplicité me les a fait excuser ; ils m'ont promis de ne plus répondre de même.

Le 23. — Le chef de bataillon Benestraux m'a porté plainte qu'hier à dix heures du soir, il avait trouvé un caporal de poste ivre, et qui avait répété le mot d'ordre très haut, de manière à le faire entendre de ceux qui l'environnaient. — J'ai ordonné de le destituer, de le mettre à la queue du bataillon et de l'exposer pendant trois heures à la vue du camp, son habit retourné.

Il m'a rendu compte également que deux volontaires avaient la nuit dernière ouvert la porte d'une femme, qu'ils avaient été arrêtés au moment. J'ai donné ordre de les tenir à la garde du camp jusqu'à nouvel ordre.

Le même jour, mon secrétaire Chauveau est revenu de Nantes avec un guide et Lagneau sur les sept heures du soir. — Ils m'ont rapporté qu'en allant à Nantes, des postes des Vendéens à Clisson les forçaient de quitter les couleurs nationales, et qu'ils avaient été forcés de mettre bas leur panache, que l'on n'y souffrait que la cocarde et le plumet blanc et noir ; qu'en revenant ce jour à Clisson sur les cinq heures du soir, il s'était formé un attroupement de femmes qui avait bientôt amené celui des hommes, et tous demandaient la vie d'un des guides qu'ils reconnaissaient être de Clisson ; que l'un des chefs voyant les esprits s'échauffer avait dit à l'oreille de Cheauveau de partir, qu'il n'y avait point de moments à perdre ; — qu'il avait suivi le conseil emmenant avec lui le guide et Laigneau ; qu'il craignait que le domestique, les six chasseurs que je lui avais envoyés et le muletier ne fussent arrêtés ainsi que les effets qu'il amenait. — Nous étions dans une grande inquiétude, lorsque sur les onze heures du soir, notre monde est arrivé accompagné de deux chasseurs de de Bruc, à l'exception d'un chasseur et d'un guide.

Le 14. — A sept heures du matin nous avons appris par le chasseur qui était resté en arrière, que, ne pouvant faire marcher son cheval, il le traînait par la bride, et qu'un guide l'accompagnait suivant à peu de distance le reste de l'escorte, lorsqu'en passant à la Mortière trois hommes l'entourent, en lui disant : « Il est tard, viens souper avec nous », qu'ayant refusé, ils s'emparèrent de son sabre et de son cheval et l'emmenèrent dans une pièce de genêts, lui donnant plusieurs coups de son sabre sur la tête ; qu'après avoir porté la main à la tête pour se garantir, ils lui ont coupée et ensuite porté deux coups l'un dans la poitrine et l'autre sur l'omoplate, les deux coups n'ont pas pénétré ayant porté sur des os, — qu'ayant feint d'être mort, il les entendit dire : Il est plein de sang, laissons-le égoûter. — Demain nous viendrons le dépouiller, — que couvert de blessures, il s'est traîné à Montigné comme il a pu ; qu'il ne sait ce qu'est devenu le guide, mais qu'il pense qu'ils l'ont égorgé.

Le soir je me suis rendu à la Mortière avec les 15 chasseurs et un détachement de grenadiers. J'ai reproché aux habitants l'assassinat de nos deux cavaliers ; j'ai redemandé les armes et les chevaux et je leur ai déclaré que si pareille chose arrivait, je les en rendais responsables. — J'ai recommandé au capitaine de grenadiers de faire des patrouilles chaque jour à des heures différentes.

Le 25. — Je me suis rendu à Mortagne ; arrivé vers les deux heures de l'après-midi, j'ai appris que Charette n'était pas venu, mais que Sapineau, Le Coëtu et autres officiers de Charette étaient allés à Cholet trouver les représentants du peuple. Je n'ai pas vu les officiers ; ils avaient eu leur conférence avec mes collègues avant mon arrivée à Cholet. — J'y ai trouvé, le soir, Gaudin, Ruelle,

Dornier, Bézard, Delaunai, Menuau et Morisson. Nous avons pris différents arrêtés.

Le 26. — Ruelle et Gaudin sont repartis pour Nantes. Nous avons pris plusieurs arrêtés [1] ; nous avons entre autres, réglé définitivement nos divisions. — J'ai abandonné Cholet et St-Florent que j'avais d'abord acceptés, pour le district de Parthenai, la Chataigneraie et Bressuire ; — Dornier aura Cholet et St-Florent ; — Menuau, Saumur, Vihiers et Thouars ; — Morisson, Chalans, Montaigu et la Roche-sur-Yon ; — Gaudin, les Sables, Fontenai et les îles ; — Ruelle, Nantes et Clisson ; — Chaillon, Machecoul et Paimbœuf ; — Delaunai, Angers.

Le 27. — Nous avons pris différents arrêtés. Delaunai, Menuau et Bézard sont partis ce jour. Je suis allé à la Gojonière en Saint-Macaire. J'ai vu, au-dessus de la Treille, un de nos volontaires assassiné.

Le 28. — Je suis parti de Cholet. En passant à la Séguinière, nous avons vu, devant la boutique d'un maréchal, deux chevaux marqués à la République. — Le maréchal nous a répondu qu'ils étaient à des chasseurs de Stofflet.

Ayant aperçu un particulier vêtu d'une veste de drap et boutons d'uniforme des chasseurs de la République, nous l'avons arrêté ainsi que deux autres, dont l'un portant l'uniforme des chasseurs de Stofflet avait des balles et de la poudre dans ses poches et l'autre ayant

____

[1] Voir aux pièces justificatives.

l'uniforme des dragons de Stofflet ayant boutons blancs n° 1.

Le premier, appelé Papin, de la Maillochère en Cholet, couvert d'une veste d'un de nos chasseurs, a avoué que l'un des chevaux avait appartenu à la République, qu'il avait été pris après l'affaire de Chaudron, et l'avait acheté 12 louis d'une personne qu'il ne connaissait pas ; il a nié que l'autre eut jamais appartenu à la République ; il l'avait acheté, d'un homme de St-André, dix louis ; il avait un brevet de sous-lieutenant dans la cavalerie de Stofflet.

Le second avait une extrème mauvaise figure et n'était pas connu des deux autres.

Le troisième, appelé Millepieds dit Cadet, qui avait l'uniforme des dragons de Stofflet, qui s'était rendu à nous et suivait à pied les chasseurs, a pris la fuite près le pont de la Séguinière. L'ayant poursuivi, lorsque j'étais près de l'atteindre, il s'est jeté à l'eau et a passé la rivière, ayant de l'eau jusqu'à la ceinture. Je lui criais de ne pas fuir, qu'il n'aurait pas de mal ; on lui a tiré de loin deux coups de mousqueton ; il s'est enfui dans une maison où il a été de nouveau arrêté. En fuyant, avant de se jeter à l'eau, il avait jeté à l'écart son portefeuille qui a été aperçu par un chasseur ; il y avait dedans pour 400 et quelques livres de billets de Stofflet, son brevet de lieutenant de cavalerie de Stofflet ; après avoir passé l'eau, il avait quitté sa veste, de sorte qu'il était en chemise : un de nos chasseurs lui a donné son manteau.

Le second ainsi que Millepieds ont échappé à la faveur

de l'obscurité ; Millepieds a emporté le manteau qui le couvrait et a laissé sa montre et son portefeuille.

Le 29. — J'ai fait venir Papin, le seul prisonnier qui nous reste ; je l'ai interrogé.

Le 30. — Au matin, j'ai renvoyé Papin à mon collègue Dornier, avec le procès-verbal de capture et d'interrogatoire, les brevets de lieutenant et sous-lieutenant, la montre, le portefeuille et les deux chevaux.

J'ai vu, ce même jour, dans le chemin de St-Macaire, au-delà de l'étang de la Treille, avant d'entrer dans la forêt de Mortagne, point loin de la Séguinière, un de nos volontaires assassiné, qui est probablement encore dans le chemin ; j'ai su que la veille un de nos chasseurs, expédié en ordonnance, en passant à la Séguinière reçut plusieurs coups de fusil ; qu'à la Séguinière, ainsi qu'à la Romagne et St-André, il se faisait des rassemblements de plusieurs chasseurs de Stofflet, qui molestaient les républicains et les habitants du pays, qui parcouraient journellement les campagnes, intimidaient les paysans et les menaçaient de les fusiller aussitôt que les troupes républicaines seraient retirées, s'ils fournissaient quelque chose à nos troupes. Aussi n'est-il plus possible d'avoir des bœufs pour la boucherie, quoiqu'ils soient très communs dans le pays et que les métayers désirent les vendre.

En passant à la Romagne, nous avons vu plusieurs chasseurs des Vendéens en uniforme ; nous ne les arrêtâmes pas, parce qu'ils étaient munis d'un permis de Sapineau, mais ils sont placés de distance en distance pour empêcher tous arrivages de vivres à Cholet, de même que les postes sont multipliés plus que jamais sur la route de Clisson et de Vallet à Nantes, de sorte que cette grande commune ne reçoit absolument rien ni du côté de la Vendée ni du côté des Chouans.

J'ai été instruit que hier, sur les six heures du matin, les Stoffletains firent passer par St-Laurent quinze à dix-huit chevaux et mulets pris sur les nôtres. Enfin, j'ai été instruit qu'un des officiers de Stofflet, connu sous le nom de marquis de Caraba, faisait tous ses efforts pour opérer un rassemblement à la Poitevinière en dessus de Beaupréau ; que Stofflet a nommé de nouveaux généraux divisionnaires au Louroux, à St-Macaire et à Beaupréau, à la place de Martin, Monnier et Lhuillier ; tous les scélérats sont attachés à ces nouveaux chefs ; le jour, ils sont sans armes, et la nuit venante, ils assassinent sur les routes.

Nous avons planté l'arbre de la liberté et arboré le drapeau tricolore à Monfaucon. — Tous les habitants se sont cachés ; j'ai prononcé un discours relatif aux circonstances, et j'ai été obligé de retrancher ce qui était relatif aux habitants.

Le soir, les habitants de Monfaucon revenus de leur terreur, se sont rendus au camp, se sont amusés, ont bu et ont dansé avec les soldats. — Ils ont dit que l'on avait répandu à Monfaucon le bruit que l'on ne donnait une fête que pour les réunir et les égorger.

Le 1er *floréal*. — Je suis allé à Tilliers ; j'ai parlé au C. Meslau, l'un des commissaires Vendéens. Je me suis plaint de la conduite que tenaient les chasseurs de la division de Saint-Macaire et de Beaupréau. — Outre les coups de fusil qu'ils tirent sur nos volontaires, j'ai appris ce matin qu'ils avaient tué neuf particuliers de Vallet qui étaient allés du côté de Beaupréau pour acheter du blé. — Meslau m'a dit qu'ils craignaient autant ces scélérats que personne, qu'ils voudraient qu'il leur fût permis de s'armer pour les détruire, qu'hier ils en avaient arrêté un qui avait assassiné sur le chemin. — Meslau a dit que nous devions arrêter tous les chasseurs et dragons de Stofflet que nous rencontrerions, et qu'ils réclameraient les bons sujets.

Le 3. — Je me suis rendu à Nantes. — En passant à Clisson, deux particuliers se sont mis au milieu de la rue au-devant de nous, ayant à leurs chapeaux une large cocarde blanche. Adressant la parole à l'un d'eux, je lui ai dit qu'il ne convenait pas d'étaler ce signe aux yeux des Républicains. — M'ayant répondu *qu'ils seraient toujours les mêmes,* j'ai ordonné à mes chasseurs de lui ôter sa cocarde.

Le 4. — Je n'ai trouvé en arrivant à Nantes, que mon collègue Pomme. Il m'a communiqué la lettre suivante de nos collègues près les armées de Brest et de Cherbourg.

Rennes, le 1ᵉʳ Floréat, 3ᵐᵉ année républicaine.

« Nous venons, citoyens, de terminer ici avec les chefs
« des Chouans. — Ci-joint copie de la déclaration qu'ils
« ont souscrite de se soumettre aux lois de la République
« et de ne jamais porter les armes contre elle. Vous y
« verrez ce que nous ont fait espérer les députés de

« Stofflet et nous devons vous ajouter que les chefs réunis
« ici nous ont donné leur parole d'honneur que Stofflet
« souscrirait la même déclaration aussitôt qu'elle lui
« sera connue. Nous vous expédions en conséquence ce
« courrier. Nous vous invitons à suspendre pour quelques
« moments, vos mesures hostiles. Les députés de
« Stofflet vont partir ; ils nous promettent de ne pas
« tarder de 24 heures après l'arrivée du courrier et de
« vous faire connaître de suite, la détermination favo-
« rable sur laquelle ils comptent.
« Salut et fraternité.

« Signé : Grenot, Ruelle, de Fermon, J. Guerneur. »

Le 5. — Ruelle et Bollet sont arrivés à Nantes, j'ai
écrit à mon collègue Menuau pour avoir des détails sur
la soumission de Stofflet.

Parthenai, 5 floréal.

« Je viens d'apprendre, cher collègue, que tu t'étais
« rendu à l'entrevue qui a dû avoir lieu avec Stofflet.
« J'ai su, en passant à Nantes, que les Chouans lui
« indiquaient pour rendez-vous la maison de la Baron-
« nière près Saint-Florent. On ignorait alors le jour où
« cette entrevue pourrait avoir lieu. Mon éloignement a
« sans doute fait penser à nos collègues que je ne pou-
« vais me rendre à la conférence ; je ne crois pas que
« Morisson, que j'ai vu à Fontenai, en ait été instruit
« plus que moi ; je lui ai appris la soumission des chefs
« des Chouans. Je m'adresse à toi comme plus proche

« et pouvant avoir l'un et l'autre, une plus facile com-
« munication pour t'inviter à me faire connaître les
« détails de cette entrevue. Puisse le succès répondre à
« mes désirs.

« En passant à Fontenai, j'ai été instruit que les
« Vendéens, dans la partie que commandait autrefois
« Sapineau, continuaient, depuis nos arrêtés du 29
« pluviose, à affermer les biens des patriotes réfugiés
« et qu'ils affectaient de les affermer à vil prix, qu'ils
« continuaient de faire des rassemblements du côté de la
« Flocellière, que toutes les relations commerciales
« étaient anéanties et que les assassinats étaient fréquents.
« Comme je dois bientôt parcourir le district de la
« Chataigneraie, je vérifierai les faits.

« J'arriverai à Niort le 9, j'y séjournerai le 10 ; où
« pour organiser les autorités contituées et surtout le
« département qui en a bien besoin, je t'invite à te rendre
« le plus tôt que tu pourras. J'ai su que tu avais des
« notes intéressantes sur les individus ; sans cela, pour
« le bien de la chose, j'aurais pu nommer néanmoins le
« procureur général syndic ; celui que le département
« a désigné, a la réputation de probité, mais je lui crois
« ni assez de valeur ni assez d'activité pour cette place
« importante ; je ne pense pas que tu confirmes le choix
« de ses confrères. — Ayant quelques informations à
« prendre à Poitiers, je m'y rendrai le 18. J'y séjournerai
« le 19 et 20. Si la besogne n'est pas faite ou que tu ne
« veuilles pas la faire, je nommerai le procureur général
« syndic et compléterai l'administration du département

« conformément au décret de la Convention nationale
« qui veut que les Représentants du peuple, sur les
« lieux, s'occupent de ce travail dans le courant des
« deux décades ; réponds-moi sur cet article et me dis
« si tu as dessein de te livrer à cette opération ; je m'en
« abstiendrai.

« Si, lors de votre réunion, vous êtes convenu de
« quelques autres arrêtés ou d'autre manière d'opérer
« dans la distribution des indemnités provisoires dans la
« Vendée, instruis-m'en de suite.

« Dis-moi aussi si nous pouvons continuer à distri-
« buer quelques secours aux indigents, et sur quels
« fonds ? Dans toutes mes opérations, je désire aller
« d'accord avec mes collègues ; la justice et la politique
« veulent que nous ayons une marche uniforme. Si tu
« vas à Niort, j'espère te voir ici en allant et en retour-
« nant. Salut et amitié,

« LOFFICIAL. »

Le 6. — J'ai parti de Nantes pour me rendre dans les
districts de Parthenai, la Châtaigneraie et Bressuire, qui
m'ont été distribués. Je suis venu coucher à Montaigu
chez le commandant de la place.

Le 7. — Je suis venu coucher à Féaule, à deux lieues
au-dessus de Chantonai. Je m'étais arrêté à St-Fulgent
pour rafraîchir mes chevaux ; j'y trouvai plusieurs
chasseurs de Sapineau qui causèrent avec moi. Leur
commandant, que j'ai appris être le C. Réveillon, ci-de-

vant cavalier de maréchaussée à Cholet, me fit dire d'aller lui parler.

Je lui fis répondre que je ne pouvais m'arrêter, que j'étais prêt à monter à cheval, que s'il voulait venir me parler, je différerais de 5 minutes. Son aide-de-camp *m'assura qu'il ne me ferait pas de mal* (certes, je n'en doutais pas) je persistai, je partis sans le voir.

Nous avions à peine fait une lieue et demie que j'aperçus venir après moi un de ses *officiers* courant à toute bride ; il me dit que son *colonel* l'envoyait vers moi m'avertir que 400 mauvais sujets des siens étaient partis le matin sous le prétexte d'aller à la chasse, qu'il savait qu'ils étaient à m'attendre à l'entrée de la forêt, qu'il me conseillait de ne pas diviser mon escorte qui était composée de 13 chasseurs. — J'avais profité de 25 hommes qui se rendaient à Féaule pour escorter un convoi qui devait venir à Montaigu. — Je répondis que pour réunir 400 hommes, on avait donc battu le tocsin dans 40 paroisses, que je présumais que le rapport avait été exagéré, qu'au demeurant je le remerciais de son attention — quoique je n'eusse pas la moindre inquiétude sur ce prétendu rassemblement, je crus prudent de réunir tout mon monde et de n'aller que le pas jusqu'au pont Gaveau, passage très difficile, parce que le pont est coupé et qu'il faut faire un détour dans les terres. Nous marchâmes en ordre et nous n'aperçûmes qu'un seul homme avec son fusil, qui, à notre approche, rentra dans la forêt.

Le 8. — La journée de la veille ayant été très forte,

nous ne partîmes de Féaule qu'à deux heures après midi, et nous vînmes coucher à Fontenay. Mon collègue Morisson y était ; je ne descendis point chez lui, mais à l'auberge pour être plus à même de partir le lendemain pour Niort. Je ne pus cependant me refuser d'aller déjeuner le lendemain chez lui.

Le *9*. — J'arrivai à Niort sur les quatres heures de l'après-midi. Les autorités constituées vinrent me visiter. J'avais vu à Fontenay mon ancien collègue Bouron, procureur-général, syndic du département.

Le *10*. — Je séjournai à Niort le 10. — Je pris plusieurs arrêtés.

Le *11*. — Je suis parti de Niort le 11. Arrivé à Saint-Maixent, j'envoyai au commandant de la gendarmerie l'invitation de venir me trouver. Je voulais m'assurer par lui si la route de Parthenai était sûre. A Niort on m'avait dit le contraire, j'attendis une heure et demie ; je donnai un ordre : un quart d'heure après, il vint avec l'adjudant-général de la place. Je me plaignis et leur reprochai leur lenteur. Le commandant de gendarmerie s'excusa sur l'adjudant et celui-ci voulut s'excuser sur ce qu'il n'avait pas reçu la lettre à temps. Le porteur était là qui lui soutint l'avoir remise à lui-même. — Je leur ordonnai les arrêts à tous les deux pour 24 heures, et je leur dis de me trouver 6 hommes d'escorte. J'arrivai à Parthenai le 11.

Le *12*. — Je fus visité par les autorités constituées.

Le *13* et le *14*. — Rien d'intéressant.

Le *15*. — Le garde-magasin des fourrages refusa de

délivrer des fourrages sur mes bons, avant qu'ils fussent visés par le commissaire des guerres. — On ne me l'avait jamais exigé, ni à aucun de mes collègues ; il me parut étonnant que l'autorité inférieure pût suspecter les ordres de l'autorité supérieure ; je le mandai et le mis aux arrêts pour 24 heures. — Ayant murmuré et haussé les épaules, je le condamnai à 15 jours d'arrêts que cependant je levai le lendemain.

Le *16*. — Rien d'intéressant. J'allai visiter le poste de la Forge.

Le *18*. — Le commandant de la place est venu m'instruire que les Brigands s'étaient réunis au nombre de cent, avaient tué du côté de Secondigné deux volontaires et blessé deux gendarmes. — Je lui ai dit de leur donner la chasse, dans la crainte que ce rassemblement grossît.

Le *19*. — Je suis allé avec le commandant de la place de Parthenai, Chevalier, visiter le poste de la forge à fer de la Péraille.

Le *21*. — Je suis allé visiter le poste de Secondigné. — Je l'ai fait remplacer par soixante-douze hommes, dont six chasseurs.

Canclaux m'a écrit hier de Bressuire.

« Citoyen Représentant,

« Je suis arrivé hier ici, j'aurais voulu avoir le temps « d'aller te voir à Parthenai. Mais je suis d'autant plus « pressé de retourner à Saumur qu'indépendamment des « raisons que je t'en avais mandées, j'ai celle de l'absence

« de ton collègue Menuau, qui est parti pour Paris
« avant-hier, afin de parler de ce qui se passe sur la
« rive droite de la Loire relativement aux Chouans, qui
« s'étendent vers la route de Tours à Saumur et qui
« finiraient par l'obstruer. Il est certain qu'il faut que
« l'on se décide à leur égard, il faut aussi qu'on se
« décide pour les Stofflétains et autres qui, sans se per-
« mettre de tels excès, se permettent beaucoup trop
« pour des sujets soumis à la République ; ils restent
« armés, montés, sans vouloir vendre leurs chevaux ; je
« ne parle pas des propos qu'ils tiennent, par lesquels
« ils annoncent la prompte évacuation de leur pays ; je
« ne parle pas de leurs menaces ; mais ils ont l'air
« encore de faire corps et de tenir à des chefs qui ne
« doivent plus exister. C'est ce que j'ai particulièrement
« recueilli dans le pays que j'ai traversé hier. J'en
« instruis aujourd'hui ton collègue Menuau, j'ai cru qu'il
« serait prudent de lui faire passer ces remarques, au
« moment où avec ses autres collègues, il peut en ins-
« truire le Comité de Salut Public. Je lui parle aussi de
« la désertion de beaucoup de volontaires des bataillons
« voisins de ce pays ; ils s'appuient sur la déclaration de
« la pacification qui promet le retour des Vendéens dans
« leur famille. Enfin je lui parle des secours demandés
« dans ces cantons à Passavant, à Genneton, à Argenton.
« Même ici, la présence est fort désirée tant par quelques
« réfugiés, qui bientôt en attireraient d'autres, que par
« les troupes toujours empressées de voir les Représen-
« tants du peuple. Leur général Bonnaire compte aller

« te voir demain ; il vient avec moi aujourd'hui à Mon-
« coutant et à la Chateigneraie. Si ton collègue Morisson
« y est, ou à Cerizay, demain alors je pourrais être à
« Cholet, j'y resterais le lendemain, et je serais de
« retour à Saumur le jour suivant, le 24 ou le 25 au plus
« tard. Le général Bonnaire a envoyé des chasseurs à
« cheval à Secondigné, il n'avait pas eu de gendarmerie
« à y faire relever, puisqu'il n'y en avait pas, ce que
« j'ignorais. Ainsi il n'avait point de tort ; il y en a
« maintenant, et j'espère que cette partie sera ainsi
« maintenue à l'abri des méchants. Bonnaire ne négligera
« rien pour cela ni pour la discipline qui est infiniment
« rétablie depuis quinze jours. Adieu, Citoyen Repré-
« sentant, agréez l'assurance de mon attachement fra-
« ternel. Salut.

« CANCLAUX. »

Le 23. — Le général de division Bonnaire est venu
me trouver, m'a apporté une lettre du général Canclaux
qui m'annonce qu'il se rend aux Sables d'Olonnes en
vertu des ordres de Morisson et Gaudin, qui se plaignent
de la conduite des Vendéens.

Le 24. — Je suis allé à Poitiers.

Le 25. — J'ai nommé le procureur général syndic,
et complété l'administration du département de la Vienne.

Le 26. — J'ai visité différents établissements de Poitiers.

Le 27. — Je suis revenu à Parthenai.

Le 29. — Je suis allé à Saint-Loup, modo Voltaire.

J'ai reçu une nouvelle lettre du général Canclaux dont voici copie :

Aux Sables, le 26 floréal, l'an troisième de la République une et indivisible.

« Citoyen Représentant,

« A mon arrivée au Sables, j'ai trouvé ton collègue
« Morisson prêt à partir pour Paris à l'effet de faire
« connaître l'état des choses et le parti que nous avons
« pris en conséquence ; il a été déterminé le lendemain
« matin, ainsi que te le présentera le projet dont je t'adresse
« copie. Tu y verras que nous sommes en mesure
« de couper le pays en deux et de porter des forces
« répressives de l'autre côté de la Sèvre. Le chef de
« l'état-major recevra les ordres pour la marche des
« troupes ; j'espère que tu la trouveras bien combinée et
« telle qu'elle puisse nous assurer un prompt succès. Je
« suis entré dans la discussion de ce plan afin que ton
« collègue Morisson puisse le communiquer au Comité
« de Salut Public et à tes collègues qui sont à Paris, et
« dont quelques-uns pourront être revenus pour ce
« moment. J'espère aussi t'y voir, car je serai à Cerizay
« le 4 pour marcher avec la colonne jusqu'à Pouzauges.
« Une lettre que je viens de recevoir du Comité de
« Salut Public confirme la nécessité de ce parti en
« m'enjoignant l'ordre de prendre des mesures pour
« purger le Marais. Je compte qu'il le sera bientôt et que
« cette campagne ne sera pas plus difficile que celle

« contre Stofflet. Adieu Citoyen Représentant, je te
« renouvelle l'assurance de mon attachement. Salut.

« CANCLAUX. »

Le *2 prairial*. — Je suis allé à Bressuire, j'ai trouvé
le convoi qui allait à Bressuire au-dessus du pont de
Chiché. Un volontaire qui avait pris un peu les devants
avec un officier venait de recevoir dans la joue un coup
de fusil, vis-à-vis un petit bois, presque à bout portant.

Arrivé à Bressuire j'ai trouvé Bonnaire, général de
division. — J'ai donné des ordres pour faire couper le
bois où le volontaire a été blessé à la distance de
50 toises. J'ai passé la revue des troupes. J'ai visité les
lieux que l'on destine à faire des hôpitaux et j'ai visité
également les baraques du camp. J'ai donné connaissance
à Bonnaire des plaintes qui m'étaient portées contre lui
et contre l'indiscipline de ses troupes. Je l'ai prévenu que
la gravité des faits dénoncés me forçait à renvoyer la
dénonciation à l'officier de police pour prendre les informations.

En général, j'ai trouvé la troupe cantonnée à Bressuire,
mal tenue, faisant le service avec une extrême négligence,
on voyait souvent des sentinelles couchées ayant leur
fusil à quelques pas d'elles.

Le 3. — J'ai parti de Bressuire le 3 prairial. J'ai visité
le poste de Moncoutant commandé par le chef de brigade Bernardel. Je lui ai donné connaissance de même
qu'à Bonnaire de la plainte qui m'avait été portée. J'ai
passé la troupe en revue, elle était presque toute nuds

pieds. — J'ai rétabli la municipalité et le juge de paix dans leurs fonctions.

Je me suis rendu le même jour à la Chateigneraie.

J'ai appris le nouveau mouvement que le général faisait faire aux troupes et les nouvelles positions qu'il leur faisait prendre. Ayant appris que le général Canclaux était à Fontenay, je me disposais à aller le lendemain le trouver, lorsque le commandant de la place est venu sur les neuf heures du soir, me prévenir qu'il viendrait le lendemain à la Chateigneraie. Je l'ai attendu.

Le 4. — Canclaux est venu me trouver à la Chateigneraie ; il m'a communiqué son plan de campagne dont il m'a dit m'avoir adressé une expédition à Parthenai. Il est parti le soir pour Cerizay.

Le 5. — Je suis allé à Pouzauges. J'y ai trouvé le général Canclaux avec les généraux de division Lapierre, Legros, Grouchy. La troupe arrivait en même temps que moi.

Le 6. — J'ai parti de la Chateigneraie. — Je suis allé visiter le poste de la Chapelle Aubry. Ce poste est entouré de Brigands. Le commandant du poste m'ayant répondu à la question que je lui avais faite — que les soldats sous ses ordres avaient les uns 10, les autres 12 et 20 cartouches, je lui ai ordonné de les retirer, de leur en laisser trois seulement et de s'en faire rendre compte tous les soirs. — Un cheval de chasseur étant tombé malade, nous l'avons laissé à la métairie de Robin, près Vernou.

Les 7, 8 et 9. — J'ai resté à Parthenai où j'ai répondu à plusieurs pétitions.

Le 10. — Je suis aller visiter les postes d'Azay et de Secondigné. Quatre chasseurs et un guide sont allés chercher un cheval de chasseur qui était tombé malade près Vernou le 6 ; nous avions été forcés de le laisser à la métairie de Robin, en le recommandant à la métairie. Le cheval avait été pris par les Brigands ; un d'eux a tiré un coup de fusil sur nos chasseurs.

Le 11. — Mon collègue Menuau est venu à Parthenai avec son secrétaire, le C. Reignon et trois de sa suite.

Le 12. — Je suis allé à la Meilleraye. Avant de partir j'ai écrit au comité de Salut Public la lettre suivante :

« En partant pour ma mission, je pris, ainsi que mes
« autres collègues, à la Trésorerie Nationale la somme de
« quinze mille livres. J'ai consommé cette somme, et je
« suis en avance de plus de six milles livres ; le prix de
« toutes choses, depuis six semaines, a augmenté d'une
« manière effrayante ; ce qui valait à cette époque trois
« livres en vaut actuellement quinze. Je vous prie de
« m'autoriser à prendre sur la caisse du district de Par-
« thenai la somme de 25 000 livres. Je parcours conti-
« nuellement le pays insurgé conformément à vos vues
« et à celles de la Convention Nationale. Nous répandons
« des secours à l'indigence ; ces secours, quoique mé-
« diocres, inspirent de la confiance. Nous croyons l'avoir
« gagnée de tous les cultivateurs et d'une grande partie
« des habitants. Mais il y a encore quelques scélérats
« qui continuent leurs brigandages et leurs assassinats,

« inspirent la terreur même chez les cultivateurs. Nous
« parviendrons à les rassurer ; les cantonnements nou-
« veaux qui viennent d'être placés à Pouzauges, aux
« Essarts et à Palluau, coupent le pays insurgé en deux ;
« nous ne tarderons pas à en être éclaircis. Je dois me
« réunir à ce sujet à Fontenai avec quelques uns de mes
« collègues, le 15. Je pars dans ce moment pour ma
« tournée. Je vous prie néanmoins de m'adresser votre
« réponse à Parthenai.   Lofficial ».

Le 13. — Je suis parti de Parthenai pour me rendre
à la Chateigneraie, et ayant été averti qu'il y avait à
Vernou un rassemblement de Brigands, j'ai pris à Parthenai dix gendarmes et ayant passé à Secondigné,
j'ai pris 60 hommes d'infanterie.

Nous avons cerné le bourg de Vernou sans être aperçus.
— Entrés dans le bourg, nous n'avons rien vu. Un officier municipal, à qui nous avons parlé, nous a dit qu'ils
y étaient la veille. — J'ai parlé au municipal et à quelques habitants qui étaient là. Je leur ai fait entendre
que nous étions pour protéger tous les habitants, que
nous ne souffririons pas que les mauvais citoyens les
vexassent, mais qu'ils devaient nous instruire du lieu et
du moment de leur rassemblement, nous les faire connaître individuellement et leur retraite.

J'ai ajouté que s'ils continuaient à les recevoir sans
nous en avertir, qu'alors ils seraient présumés de com-
plicité, et qu'ils devaient en apréhender les suites. —
J'ai fini par leur dire qu'étant instruit que c'étaient les
habitants de Vernou qui avaient volé le cheval, je les

sommais de me le faire rendre à la Chateigneraie le 16
au plus tard.

Le 15. — Je me suis rendu à Fontenay le peuple où
mon collègue Menuau devait se rendre. J'y suis arrivé à
midi. J'ai descendu chez Morisson ; j'ai appris qu'il était
à Paris et qu'il était incertain qu'il revint. Mon collègue
Menuau est arrivé à 7 heures. Il avait reçu une lettre du
Comité de Salut Public du 12, qui en envoyant son
arrêté du 10 prairial, relatif à la situation de la Vendée,
nous annonce un envoi de nouvelles forces de 10 000 hommes. Voici la lettre :

« Paris, le 10 prairial, l'an 3ᵐᵉ de la République fran-
« çaise une et indivisible.

« Le Comité de Salut Public à la Convention Natio-
« nale aux Représentants du peuple près les armées de
« l'Ouest.

« Nous avons examiné, chers Collègues, tous les
« rapports qui nous sont parvenus sur l'état des départe-
« ments compris dans les arrondissements des trois
« armées de l'Ouest, des côtes de Brest et de Cherbourg,
« et vous croirez sans peine que nous avons porté dans
« cet examen toute l'attention que sollicite un objet
« aussi important. Notre premier soin a été de donner
« des ordres pour faire avancer un nouveau renfort de
« dix mille hommes qui seront portés sur les points où
« leur présence sera jugée le plus nécessaire.

« Nous avons ensuite pensé qu'il convenait de se
« former une marche fixe, de laquelle partiraient tous
« les Représentants en mission auprès de trois armées,

« afin d'opérer un concert dans les mesures, et nous
« avons pris en conséquence l'arrêté dont nous joignons
« ici copie et que vous voudrez bien communiquer à
« tous vos collègues. (1).

« Vous verrez qu'en cherchant à arrêter le cours des
« désordres, nous avons cru qu'il fallait ne laisser
« aucune inquiétude sur l'exécution des promesses faites
« par la Convention, dont la parole est toujours sacrée.

« Salut et fraternité.

« Les Membres du Comité de Salut Public : Signé :
« Cambacérès, Teilhard, Merlin (d. d.), Sieyès, Laporte. »

Le 16. — Nous avons reçu un courrier de la part de
notre collègue Dornier, qui nous invite à nous réunir à
Cholet pour concerter ensemble les mesures que les circonstances exigent. — Le courrier a continué sa route
pour les Sables porter une pareille lettre à notre collègue
Gaudin. Je me suis rendu le même jour à la Chataigneraie. J'ai répondu aux Administrateurs du Département
de la Vendée, relativement à la restitution des biens aux
Rebelles.

« Nous avons reçu, citoyens, votre lettre en date d'hier
« par laquelle vous nous exposez que les Vendéens, ren-
« trés dans le sein de la République, prétendent, en
« vertu de notre arrêté du 29 pluviôse, être en droit de
« rentrer dans tous leurs biens, même dans ceux qui
« ont été vendus, sauf à la République à remettre aux
« acquéreurs ce qu'ils peuvent avoir déboursé pour le

(1) Le texte en a été donné dans l'Introduction.

« prix de cette acquisition. Les Vendéens donnent,
« citoyens, une extension à notre arrêté contraire à son
« véritable sens et à notre intention. Lorsque nous
« avons dit que les habitants insurgés de la Vendée
« rentrent de fait dans la propriété et possession de tous
« leurs droits, biens, meubles et immeubles, par leur
« soumission aux lois de la République une et indivisi-
« ble, nous n'avons rien dit autre chose que les Ven-
« déens pourraient rentrer dans *tous leurs biens qui*
« *n'étaient pas vendus seulement*. Mais à l'égard de
« ceux qui avaient été vendus, ils ne pouvaient qu'en
« réclamer le prix.
« Tel est le véritable sens de l'arrêté qu'ils invoquent;
« s'il s'en présentait un autre, il serait injuste, jetterait
« le trouble dans la société en inquiétant des acquéreurs
« qui ont acquis de bonne foi et sur l'assurance de la
« garantie nationale. — La difficulté qu'élèvent aujour-
« d'hui les Vendéens, ne pouvait avoir lieu sérieusement,
« s'ils eussent réfléchi que l'arrêté cité leur accorde
« également la rentrée en possession de leurs biens
« meubles.
« Il est évident qu'ils ne peuvent posséder que ceux
« de leurs meubles qui n'ont pas été vendus, qu'il serait
« impossible de les faire jouir de ceux qui l'ont été, qui
« peuvent avoir été consommés ou détruits et dispersés
« entre un si grand nombre d'individus, qu'ils ne pour-
« raient être réclamés sans donner lieu à des contesta-
« tions multiples, qu'il est de la sagesse d'éviter. Vous
« devez donc, citoyens, rejeter toutes les demandes qui

« vous seront faites par les Vendéens tendant à rentrer
« dans la possession de leurs biens vendus et vous bor-
« ner à leur acccorder la restitution du prix. Signé :
« Lofficial et Menuau. »

Le 17. — Je suis parti de la Chateigneraie pour me
rendre à Parthenai. En me rendant j'ai passé à Vernou ;
j'ai demandé l'officier municipal à qui j'avais recommandé de m'envoyer le cheval pris à la métairie de
Robin, appartenant à un de nos chasseurs du 15e. Il m'a
d'abord dit qu'il ne savait pas où il était, qu'il avait ouï
dire que c'était un brigand qui l'avait volé. Je lui ai dit
que j'allais l'emmener et qu'il resterait prisonnier jusqu'à ce que le cheval fût rendu.

Lorsqu'on a vu que je persistais, l'on m'a déclaré que
le cheval devait m'être rendu aujourd'huy, mais que
celui qui devait le conduire à la Chateigneraie était allé
à Moncoutant ; qu'on le conduirait sous deux jours à
Parthenai. — J'ai laissé l'officier municipal libre, en
déclarant que si l'on me trompait encore, j'enlèverais six
des principaux habitants de Vernou.

Les 18-19. — Les officiers municipaux de Vernou
ont fait conduire à Secondigné le cheval du chasseur que
j'avais réclamé.

Le 20. — Les officiers municipaux et un Vendéen ont
ramené le cheval à Parthenai ; ils ont réclamé la liberté
des 5 prisonniers Vendéens, que le commandant de la
place avait arrêtés armés, faisant partie d'un rassemblement à Vernou le 14. Martin, l'un d'eux, étant réclamé
par les autorités constituées, je l'ai mis en liberté. J'ai

retenu les autres, parmi lesquels se trouvent deux déserteurs.

Le 21. — Je suis parti de Parthenai pour me rendre à Cholet, lieu indiqué pour une conférence à laquelle devaient se trouver nos collègues. Gaudin, Dornier, Menuau. Je suis venu coucher à Châtillon ; j'ai passé la revue de 500 hommes qui y sont stationnés.

Le 22. — Je suis arrivé à Cholet à dix heures. J'ai appris que mes collègues, Menuau et Dornier, étaient partis pour Nantes pour assister à une conférence qui devait avoir lieu à la Jaunaie avec Charette, Sapineau, Stofflet, Bernier et autres chefs des Vendéens.

J'ai parti de suite pour me rendre coucher à Monfaucon. Ayant appris que l'ordre, que le général Canclaux avait donné de faire occuper le poste de Monfaucon par 200 hommes, n'était pas exécuté, j'ai invité le général divisionnaire, Cannuel, de le faire mettre à exécution de suite. Cette précaution n'était pas inutile, j'ai appris, en arrivant, que les Rebelles avaient eu le projet de me faire un mauvais parti.

Le 23. — J'ai parti pour Nantes ; j'ai arrivé à une heure, j'ai trouvé réunis mes collègues Chaillon, Jarri, Gaudin, Bollet, Menuau et Dornier ; ils m'ont fait part de ce qui s'était passé à l'entrevue de la Jaunaie. Les chefs des rebelles ont continué à tromper. Nos collègues ont dissimulé, ils sont enfin aussi persuadés que moi qu'ils nous ont joué, et qu'ils n'ont voulu que gagner jusqu'à la récolte pour faire des approvisionnements de ble. Ils ont remis une nouvelle déclaration de leurs sentiments ; mais c'est une dissimulation perfide.

Le même jour, nous nous sommes réunis chez le général Canclaux ; nous avons discuté les plans qu'il convenait d'adopter dans les circonstances où nous nous trouvions, où tout nous présageait des hostilités prochaines de la part des Vendéens. — On est convenu qu'on retirerait tous les petits cantonnements pour ne former dans toute la Vendée que des gros postes, qui se réuniraient en trois colonnes toujours agissantes.

Le soir, nous avons reçu le Bulletin de la Convention Nationale qui rapporte le décret du 19 prairial, qui rappelle tous les Représentants en mission pour être présents à la discussion des lois organiques de la Constitution. Nous avons dit qu'il fallait partir de suite, mais considérant l'état actuel de la Vendée, la découverte que nous venions de faire d'une vaste conspiration de la part des chefs Vendéens, ce serait livrer le pays à toutes les horreurs de la guerre et aux brigands, que de l'abandonner dans ce moment ; nous nous sommes retirés à deux heures du matin sans rien arrêter, avec promesse de nous réunir demain à neuf heures du matin.

Le 24. — Nous nous sommes réunis, et persistant dans notre premier avis, nous avons arrêté que Ménuau et moi nous nous rendrions de suite à Paris auprès du Comité de Salut Public pour l'inviter à nous faire remplacer avant que nous abandonnions notre poste, les autres resteront jusqu'à la décision.

Le 25. — Nous sommes partis Bollet pour Rennes,

Gaudin pour les Sables, Menuau et moi pour Cholet, nous avons dîné à Montigné, en passant.

Le *26*. — Je suis parti de Cholet pour me rendre à Parthenai. — Etant arrivé à Chatillon, le C. Blaitot est venu me dire qu'en passant à la Tessouale avec un autre particulier, huit chasseurs de Stofflet leur avaient dit (les prenant pour faire partie de mon escorte), qu'ils ne me rejoindraient pas, que s'étant avancés vers son compagnon de voyage, qui était derrière, ils l'avaient arrêté et qu'ils avaient monté ensuite sur son cheval pour courir après le C. Blaitot qu'ils n'ont pu rejoindre. Le particulier arrêté avait été à Cholet espérant y trouver des mouchoirs, il avait un portefeuille garni. — J'ai donné ordre au commandant du poste de Chatillon d'envoyer de suite 50 hommes à la Tessoualle, pour délivrer le particulier arrêté et lui sauver la vie s'il est encore temps. — Je suis arrivé à Parthenai après minuit.

Le *27*. — Je suis venu coucher à Thouars pour rejoindre demain mon collègue Menuau à Saumur.

Le *28*. — Je suis arrivé à Saumur à dix heures du matin, nous sommes partis, mon collègue et moi, le même jour à huit heures du soir.

Le *30*. — Arrivé à Paris le 30 prairial à sept heures du soir.

Le *1er Messidor (19 juin)*. — Nous avons appris que nous avions tous été rappelés par décret de la veille. Nous avons eu une première conférence au Comité de Salut Public ; on nous a invité à nous trouver le lendemain à neuf heures du soir au Comité de Salut Public.

Le 2. — Nous nous sommes rendus au Comité de Salut Public ; nous avons rendu compte du motif de notre voyage, de la situation actuelle de la Vendée, de nos craintes et de nos espérances ; mais qu'au moyen du décret qui nous rappelait, nous ne pouvions plus suivre les plans que nous avions arrêtés pour punir le perfide Charette, que nous demandions à nous en retourner pour renvoyer nos secrétaires et notre monde, arrêter et payer les dépenses de nos maisons ; ce qui nous a été accordé, en nous invitant à être de retour pour le 1er thermidor.

Les 3 et 4. — Menuau et moi nous sommes partis de Paris le 4 à neuf heures du matin.

Les 5-6. — Nous sommes arrivés le 6 à Tours à quatre heures de l'après midi, je n'ai pu trouver mes charretiers avec les 6 chevaux qui étaient à m'y attendre. J'ai laissé une lettre au commissaire ordonnataire Thenon pour les faire rechercher et me les renvoyer. Nous sommes venus coucher à Langeais.

Le 7. — A Saumur.

Le 8. — Je me suis rendu à Parthenai. En passant à Thouars j'ai su, chez le commandant de la place, que Céris, un des chefs de brigands, et David, l'un de ses adjoints et déserteur de nos troupes, avaient été arrêtés au Pin par le général Lapierre et conduits en prison à Thouars ; que Céris avait été condamné à mort l'année dernière par le tribunal de Niort comme émigré. J'ai demandé le rapport par écrit, et en arrivant à Parthenai,

11

je lui ai donné l'ordre de les faire partir pour le tribunal
de Niort.

Les *9-10*. — Ayant entendu parler de l'attaque du
camp des Essarts par les Rebelles aux ordres de Charette,
et ne pouvant moi-même aller prendre les informations
sur les lieux à cause de ma mauvaise santé, j'ai envoyé
Dupont, un de mes secrétaires, prendre les informations.

Le *14*. — Il est revenu le 14.

Le *15*. — J'ai envoyé un courrier au Comité de Salut
Public avec des dépêches pour l'instruire de la perfidie
de Charette et de la conduite plus que suspecte du général Legros, commandant le camp des Quatre-Chemins.
Voici la copie de mon rapport :

« Enfin, citoyens collègues, le perfide Charette vient
« de lever le masque, après avoir juré solennellement
« fidélité à la République et promis de ne jamais porter
« les armes contre elle, il vient d'arborer de nouveau
« l'étendard de la rébellion, et le 7 de ce mois il a
« attaqué avec deux à trois mille hommes le cantonne-
« ment des Essarts près les Quatre-Chemins commandé
« par le général Legros. Environ 200 des nôtres ont été
« inhumainement massacrés. Ce n'est que le 12 de
« ce mois que j'ai été instruit par la voix publique de
« cet évènement; quoique ma mission fût finie, et que
« le lieu du combat fût dans la division de mon collègue
« Gaudin, j'ai cru qu'il était de mon devoir, me trouvant
« encore sur les lieux, de prendre des informations ;
« et je me serais transporté à cet effet aux Essarts, si,

« depuis le 8, je n'étais retenu par la fièvre : j'ai envoyé
« un de mes secrétaires qui s'est procuré un rapport par
« écrit, lequel s'accorde parfaitement avec ceux faits à
« l'administration du département de la Vendée, dont
« mon secrétaire m'a apporté copie.

« Il en résulte les plus fortes présomptions, ou d'intel-
« ligence avec les Rebelles, ou de la négligence la plus
« impardonnable de la part du général Legros, comman-
« dant la force armée dans ces cantons. Cet officier qui
« n'était qu'à une lieue et demie des Essarts, pouvait
« facilement secourir le poste intéressant, et mettre
« l'avantage du côté des Républicains. Tout dépendait
« du commencement ; si Charette eut été battu, tous les
« paysans, qu'il avait forcés de se réunir à lui sous
« peine de mort, l'eussent quitté pour toujours. Le
« succès qu'il a obtenu lui attachera les forces qu'il a et
« lui en procurera de nouvelles ; ce chef perfide l'a bien
« senti ; aussi, pour détourner le général Legros du
« projet de secourir les Essarts (si toutefois il en avait
« eu l'intention, ce qui est fort incertain), il avait envoyé
« auprès de ce général le nommé Béjarry, celui de ses
« officiers le plus astucieux qui a toujours porté la
« parole pour lui, lors de la prétendue pacification, et
« qu'il avait envoyé auprès des Chouans pour les décider
« à suivre l'exemple de perfidie qu'il donnait à la
« France ; Béjarry et un autre brigand qui l'accompa-
« gnait sont entrés sous la tente du général Legros,
« y ont resté pendant trois ou quatre heures, y ont bu et
« mangé, et Legros les a fait ensuite escorter par un

« fort détachement pour les garantir de la fureur du
« soldat indigné des massacres commis aux Essarts. —
« Legros entendait la fusillade ; il ne pouvait ignorer le
« combat ; tous le pressaient d'aller au secours de nos
« frères d'armes, il répond froidement que ce n'est
« qu'*un essai*, et cependant environ 200 des nôtres sont
« inhumainement égorgés. — 37 hommes de cavalerie
« portant la correspondance et chargés d'un paquet pour
« Charette sont arrêtés chez lui par ses ordres et le
« général Legros a deux des chefs brigands chez lui,
« non seulement il ne les arrête pas, mais il les fête et
« les protège. J'ajouterai à cela que le général Legros
« est accusé d'avoir voulu la veille du combat ôter les
« cartouches à tous les soldats, et l'on ajoute que ce
« n'est qu'à la résistance du chef de Brigade, Spitale, de
« de qui l'on a fait les plus grands éloges, que les
« soldats ont pu avoir des cartouches.

Si ma mission n'eût pas été finie, citoyens collègues,
je n'aurais pas balancé à faire arrêter de suite le général
Legros contre lequel j'avais déjà eu plusieurs plaintes ;
ce que je n'ai pu faire, vous le ferez, l'intérêt public
l'exige. Cet officier a la plus profonde ignorance jointe
à l'immoralité et l'intempérance, il était continuellement
à boire et à manger avec les chefs des brigands qui
conspiraient contre la République.

Les autres faits regardent plus particulièrement le
général Lapierre ; cet homme, qui, sous le règne des
triumvirs, répandit la terreur dans tout le district de la
Chateigneraie, s'est aussi indignement comporté que son

camarade Legros ; aussi ignorant que lui, il est encore plus intempérant ; il était la moitié du temps à se gorger de vin avec les chefs du rassemblement qui avait lieu à la Flocelière ; rassemblement dont je l'avais prévenu lors de l'établissement du camp de Pouzauges, en le chargeant de le dissiper et d'entretenir la sûreté du pays par de fortes patrouilles. Loin de s'opposer à ce rassemblement, d'assurer le pays contre les assassinats, il se divertit avec les chefs, fait remettre les armes à ceux qui sont arrêtés les armes à la main, et par une conduite aussi extraordinaire, inspire le découragement aux patriotes et la défiance aux soldats, favorise l'embauchage et la désertion, et facilite aux Rebelles le moyen de se recruter et de faire des approvisionnements chez les malheureux habitants de la campagne à qui ils enlevaient de force le peu de grain qui leur rentrait pour leurs subsistances.

Non content de favoriser ainsi l'enlèvement des subsistances, le général Lapierre quitte précipitamment la position de Pouzauges pour en aller occuper une nouvelle, d'après l'ordre qu'il en avait reçu, et abandonne au pillage le pain, l'eau-de-vie et le vinaigre et même des armes. Ces faits sont constatés par des pièces dont l'administration du district de la Chataigneraie vous a déjà envoyé copie.

Je vous répète, citoyens collègues, ce que je vous ai dit, le 3 de ce mois, lors de mon dernier voyage à Paris, il y a de grandes réformes à faire dans l'armée de l'Ouest ; si vous voyiez la plupart des généraux de brigades, et même quelques chefs de divisions, vous seriez surpris que l'on eût confié la conduite de plusieurs milliers d'hommes à des êtres aussi immoraux et aussi ignorants. Ils n'ont dû leur existence qu'au système du désorganisateur qui régnait, il y a un an, dans l'ancien Comité du gouvernement, et ils ont parfaitement répondu à l'idée que l'on avait d'eux. Il est temps que de pareils hommes disparaissent et que le commandement soit confié à des hommes capables et amis de l'ordre et de la justice ; avec ceux-ci la paix sera bientôt rétablie ; avec les autres la guerre s'éternisera, parce qu'ils savent que le seul moyen de conserver leur existence et leurs appointements, est de prolonger les malheurs de ce pays. Vous ne pouvez pas aussi conserver plus longtemps le général Lapierre que le général Legros.

Je l'eusse fait arrêter si mes pouvoirs n'eussent pas été finis ; outre les faits graves portés contre lui, il est aussi accusé par la voix publique de souffrir le pillage par les troupes qu'il commande ; on fait le même reproche au général de division Bonnaire, celui dont mes collègues Menuau et Morisson vous ont attesté l'incapacité.

Cette nuit, les avant-postes de Parthenai ont été attaqués par quelques brigands ; ils ont été mis en fuite par une patrouille, mais nous n'avons pas de forces, et en général nous en manquons dans tous les points de la Vendée. Il est très instant que le Comité de Salut Public fasse passer les dix mille hommes qu'il a annoncés, et qu'il double même, s'il est possible, cette quantité.

Aussitôt que ma santé sera rétablie, je me rendrai à

Paris ; je ne prévois guère partir avant le 25 ; dans tous les cas je serai rendu avant la fin du mois. Salut et fraternité.

« Signé : LOFFICIAL. »

Le *18*. — J'ai appris que les Rebelles nous avaient surpris un convoi du côté de Mareuil à la Mothe-Achard, et que de 300 hommes qui l'escortaient, il n'en était revenu que 5 ou 6.

Le *19*. — J'ai aussi appris indirectement que nous avions battu les Rebelles près Palluau, et que nous leur avions tué 800 hommes.

Les *21*, *22*, *23*, *24*, *25*. — J'ai préparé mon départ.

Le *26*. — J'ai quitté Parthenai pour me rendre à la Convention.

Le *27*. — Ma mauvaise santé m'a forcé de coucher à Tours le 27, et de ne partir que le *29* à midi.

Le *29*. — Ce jour, il y eut une émeute à Tours, à cause de l'augmentation du pain ; les femmes assaillirent la Maison commune et arrêtèrent toutes les voitures, ce qui me détermina à passer par Amboise où j'ai passé le bac.

Le *1er Thermidor (19 juillet 1795)*. — Je suis arrivé à Paris le 1er thermidor à cinq heures du soir.

FIN DU JOURNAL DE LOFFICIAL.

PIÈCES OFFICIELLES & PROCLAMATIONS

relatives à la mission de LOFFICIAL dans la Vendée

PIÈCE PREMIÈRE

Loi portant que toutes les personnes connues sous le nom de *Rebelles de la Vendée* et de *Chouans* qui déposent leur armes dans le délai d'un mois, ne seront ni inquiétées ni recherchées par le fait de leur révolte.

Du douzième jour de frimaire l'an troisième de la République française une et indivisible.

La Convention nationale, après avoir entendu le rapport de son Comité de Salut Public, décrète :

Article Premier. — Toutes les personnes connues dans les arrondissements des armées de l'Ouest, des côtes de Brest et des côtes de Cherbourg, sous le nom de *Rebelles de la Vendée* et de *Chouans*, qui déposeront leurs armes dans le mois qui suivra le jour de la publication du présent décret, ne seront ni inquiétées ni recherchées dans la suite par le fait de leur révolte.

Art. 2 — Les armes seront déposées aux municipalités des communes que les Représentants du peuple indiqueront.

Art. 3 — Pour l'exécution du présent décret, les Représentants du peuple Menuau, Delaunay, Gaudin, Lofficial, Morisson et Chaillon, se rendront dans les départements qui composent l'arrondissement de l'armée de l'Ouest ; et les Représentants Guezno et Guerreur, dans les départements qui composent les arrondissements des armées des côtes de Brest et de Cherbourg, ces Représentants sont investis des mêmes pouvoirs que les autres Représentants envoyés près les dites armées, et dans les départements.

Visé par le Représentant du peuple Inspecteur aux procès-verbaux.

Signé : Joseph Becker.

Collationné à l'original par nous, président et secrétaire de la Convention nationale ; à Paris le 13 frimaire l'an troisième de la République une et indivisible.

Signé : Clauzel, *président*, Porcher, Duval (de l'Aube), Merlin, J.-J. Rovere, Boudin et Thirion, *secrétaires*.

Pour copie conforme,

La Commission des administrations civiles, police et tribunaux.

Le Chargé provisoire : Aumont.

PIÈCE DEUXIÈME

LIBERTÉ.—ÉGALITÉ.—FRATERNITÉ.—HUMANITÉ.—JUSTICE.

PROCLAMATION.

Les Représentants du peuple près l'armée et dans les départements de l'Ouest chargés de l'exécution de la loi du 12 frimaire.

Aux habitants des mêmes départements connus sous le nom de *Rebelles de la Vendée* ou *Chouans*.

Le territoire français n'est plus souillé par la présence des esclaves du despotisme ; la République triomphe partout de ses ennemis ; l'empire de la justice et de la vertu a succédé à un régime de sang et de proscription. Il est temps que les Français ne forment plus qu'une seule et même famille !

Votre population a disparu, votre commerce s'est anéanti, votre agriculture s'est desséchée par une guerre désastreuse, vos égarements ont causé bien des maux, vous le savez, et cependant la Convention nationale, grande comme le peuple qu'elle représente, oublie le passé et pardonne.

Une loi du 12 frimaire, décrète que toutes les personnes connues sous le nom de *Rebelles de la Vendée* et de *Chouans*, qui déposeront les armes dans le mois de sa publication, ne seront ni inquiétées ni recherchées pour le fait de leur révolte.

Cette loi n'est pas un simulacre d'amnistie ; chargés de la faire exécuter, porteurs de paroles de paix et de consolation, nous venons au nom de la Convention nationale, vous tenir le langage de la clémence et de l'humanité.

Si les liens du sang et de l'amitié ne sont pas entièrement rompus, si vous aimez encore votre pays, si votre retour est sincère, nos bras sont ouverts, serrons-nous comme des frères !

Assez et trop longtemps le sang a coulé dans vos malheureuses contrées ; que le carnage cesse, que votre pays reprenne dans la République le rang qu'il n'aurait jamais dû quitter.

Gardez-vous d'avoir en ce jour de la méfiance ; vos ennemis, qui sont les nôtres, pourront chercher à vous en inspirer, mais la Convention nationale, qui vous parle aujourd'hui par notre organe, n'a jamais couvert la République de deuil ; elle ne s'est jamais jouée des proclamations d'amnistie et lorsqu'elle a délivré la patrie de Robespierre, de Carrier, etc., et de leurs complices, elle ne nous envoie pas ici pour vous tromper. Vos femmes, vos enfants, vos parents et vos amis, languissaient dans des cachots, ils sont remis en liberté...... Interrogez-les ! interrogez ceux d'entre vous qui déjà ont déposé leurs armes, et demandez-leur si l'amnistie que nous proclamons est un vain nom.

Ah ! ne doutez pas de la loyauté et de la générosité française ! arrêtons l'effusion du sang ; que des frères ne se massacrent plus. Vos chefs sont compris dans l'amnistie : quels motifs pourrait-on vous donner pour arrêter l'exécution de cette loi bienfaisante, si ce n'est l'orgueil et l'imposture.

Vos chaumières sont brûlées.... Nous vous aiderons à les relever, nos mains les construiront avec vous.

Vos terres sont incultes.... Nous vous fournirons des secours, des bestiaux, des harnais, des instruments aratoires.

Les bras manquent pour mettre vos champs en valeur... La Convention honorera et soutiendra chez vous l'agriculture, nous vous laisserons pour défricher vos terres les jeunes gens de la réquisition, et si vos enfants, que l'amour de la Patrie a fait voler aux frontières, vous sont nécessaires pour réparer tous vos malheurs, nous les demanderons et ils vous seront rendus.

Vos manufactures sont anéanties... Nous vous procurerons des moyens, des ressources utiles pour les relever et les mettre en activité.

Non, des Français ne doutent pas de la sincérité de l'amnistie qui leur est offerte ; vous n'attendez que la publication du décret du 12 frimaire... Nous la publions solennellement aujourd'hui, cette loi ; nous vous appelons à jouir de la bienfaisance nationale ; nous vous indiquons la marche à suivre, pour que vous puissiez rentrer dans le sein de la République.

ARTICLE PREMIER. — Le décret et la proclamation d'amnistie du 12 frimaire dernier, et le présent arrêté seront imprimés, lus, affichés et publiés à son de trompes ou tambours, dans les places publiques des départements de la Loire-Inférieure, Mayenne et Loire, Deux-Sèvres et Vendée, non occupés actuellement par les Rebelles.

La première publication aura lieu le 20 nivose à l'heure de midi, elle sera réitérée pendant les deux jours suivants.

ART. 2. — Les agents nationaux près les districts sont chargés sous leur responsabilité de l'exécution de l'article précédent et d'en rendre compte aux Représentants du peuple près l'armée de l'Ouest, dans la décade.

ART. 3 — La même publication aura lieu et sera réitérée aux mêmes époques, dans toutes les places, camps, postes et cantonnements occupés par les armées de la République, à son de trompe ou de tambour, à la tête de la force armée ; l'affiche aura lieu jusqu'au-delà des avant-postes.

ART. 4 — Le général en chef de l'armée de l'Ouest est chargé sous sa responsabilité, de l'exécution de l'article précédent, et d'en rendre compte dans la décade aux Représentants du peuple près la même armée.

ART. 5 — Les autorités administratives et municipales, les comités de surveillance et les officiers généraux de la force armée sont chargés de répandre par tous les moyens possibles dans les pays occupés par les *Rebelles de la Vendée* ou *Chouans*, la proclamation, le décret et le présent arrêté.

ART. 6 — Tout habitant connu sous le nom de *Rebelle de la Vendée* et *Chouan*, ayant droit à l'amnistie et voulant en profiter, sera tenu de se présenter à l'une des municipalités désignées au tableau ci-joint et d'y déposer ses armes.

Art. 7 — Tout habitant de la Vendée qui sera rentré dans le sein de la République, recevra les mêmes secours que ceux accordés aux réfugiés par la loi du 27 vendémiaire.

Art. 8 — Il sera fourni aux cultivateurs, artisans, ouvriers, manufacturiers et fabricants domiciliés dans les communes de la Vendée, au fur et à mesure que ces communes rentreront dans le sein de la République, des secours pour remettre en activité les manufactures et fabriques, l'industrie agricole et commerciale.

Art. 9 — Chaque commandant de la force armée, de la colonne, du camp, cantonnement ou poste auquel tout Rebelle ou Chouan se présentera, en conformité du décret d'amnistie sera tenu de leur indiquer la municipalité la plus voisine et l'une de celles désignées ci-après et de les y faire accompagner.

Art. 10 — Il est expressément défendu aux troupes en marche, campées, cantonnées ou en détachement, et à tout militaire isolé, de maltraiter tout habitant se présentant à la force armée et aux municipalités, pour profiter de l'amnistie, ou trouvé sans armes.

Tableau des municipalités où les armes seront déposées.

Loire-Inférieure. — Nantes, le Pellerin, Vue, Paimbœuf, Bourgneuf, Machecoul, Varades, Ancenis.

Vendée. — Montaigu, Challans, Port-Fidèle (ci-devant Saint-Gilles), Olonne, Talmont, Mareuil, Hermine, qui enverra un commissaire au camp de Pont-Charron et de la Caillère.

Deux-Sèvres. — Largeasse, Chiché, Sainte-Radegonde-de-Pommiers et Argenton (ci-devant les Eglises).

Maine-et-Loire. — Concourson, Thouarcé, Brissac, Rochefort-sur-Loire, Chalonne-dans-l'Isle, Angers, Beau-Site (ci-devant Saint-Georges-sur-Loire), Champtocé et Ingrande.

Les administrateurs de districts enverront des commissaires pour l'exécution du présent arrêté dans les communes ci-dessous désignées où les municipalités ne sont pas suffisament en activité.

A Nantes, le 13 nivose, l'an 3 de la République française une et indivisible:

Signé : LOFFICIAL, BÉZARD, GAUDIN, MENUAU, AUGER, DELAUNAY, RUELLE, MORISSON, CHAILLON, DORNIER et GUYARDIN.

A Nantes, de l'imprimerie d'A. J. Malassis, imprimeur des Représentants du peuple, place du Pilori, n° 2.

PIÈCE TROISIÈME

Au nom du Roi,
Le Conseil Militaire de l'armée d'Anjou et Haut-Poitou,

Aux Républicains,

Francais égarés, vous nous annoncez des paroles de

paix. Ce vœu est celui de nos cœurs. Mais de quel droit nous offrez-vous ce pardon qu'il n'appartient qu'à vous de demander.

Teints du sang de nos Rois, souillés par le massacre d'un million de victimes, par l'incendie et la dévastation de nos propriétés, quels sont vos titres pour inspirer la confiance et la sécurité ?

Serait-ce le supplice de Robespierre ou de Carrier ? mais la nature indignée s'élevait contre ces monstres ; le cri de la vengeance publique les dévouait à la mort. En les proscrivant, vous n'avez fait qu'obéir à la nécessité ; une faction a remplacé l'autre, et bientôt, peut-être, le même sort attend celle qui domine aujourd'hui,

Seraient-ce vos prétendues victoires ? mais ne savons-nous pas quel mensonge préside toujours à la rédaction de vos feuilles, et qu'en éprouvant les plus terribles défaites, pour en imposer aux peuples séduits, vous prenez encore le ton fastueux de vainqueurs de l'Europe ?

Serait-ce la relaxation de nos frères emprisonnés ? mais la justice ne leur devait-elle pas une liberté que la tyrannie seule avait pu leur ravir ? et quand vous les gardez au milieu de vous, sans armes et sans défense, n'avons-nous pas à craindre que cette relaxation momentanée ne soit un piège adroitement tendu, pour nous envelopper tous dans les mêmes malheurs ?

Seraient-ce vos promesses flatteuses ? hélas, si nous pouvions y croire, du sein de leurs tombeaux nos parents, nos amis égorgés, se lèveraient pour nous dire : « défiez-« vous du venin caché sous ces dehors ».

C'est en nous promettant le salut de la vie, que l'on nous immola ; le même sort peut-être nous attend ; le corps qui dominait alors règne encore aujourd'hui ; son esprit est le même, il tend encore au même but et n'a fait que changer d'agents et de moyens. Si néanmoins, vos vœux étaient sincères, si vos cœurs changés tendaient vers la paix, nous vous dirions : « rendez à l'héritier du dernier des Rois son sceptre et sa couronne, à la religion son culte et ses ministres, à la noblesse ses biens et son éclat, au royaume entier son antique et respectable constitution dégagée des abus que le malheur des temps y avait introduits. »

Alors oubliant vos torts, nous volerons dans vos bras et confondrons avec les vôtres nos cœurs, nos sentiments et nos désirs. Mais sans ces conditions, préalablement adoptées, nous mépriserons une amnistie que le crime ne doit jamais offrir à la vertu ; nous braverons vos efforts et vos menaces. Aidés de nos fidèles et généreux soldats, nous combattrons jusqu'à la mort, et vous ne régnerez que sur la tombe du dernier d'entre nous.

Arrêté unanimement à Maulévrier le 28 janvier 1795, l'an troisième du règne de Louis XVII.

Stofflet, *général en chef*, Berrard, Trotouin, Monnier, Guichard, Nicolas, Renou, Lhuillier, Châlons, Martin, Cadi, et Gibert, *secrétaire général*

Vu l'adresse ci-dessus, nous ordonnons qu'elle soit imprimée, lue, publiée, et affichée dans toutes les paroisses qui composent l'arrondissement de l'armée d'Anjou et Haut Poitou.

Donné à Maulévrier, le 28 janvier 1795, l'an troisième
du règne de Louis XVII.

BERNIER, curé de Saint-Laud,
commissaire général.

PIÈCE QUATRIÈME

LIBERTÉ.-ÉGALITÉ.-FRATERNITÉ.-HUMANITÉ.-JUSTICE.

Au nom du Peuple Français,

A Nantes le 29 pluviose l'an troisième de la Répu-
blique française une et indivisible.

Les Représentants du peuple près les armées de l'Ouest,
des côtes de Brest et de Cherbourg et dans les départements de l'Ouest, chargés de l'exécution de la loi d'amnistie du 12 frimaire, concernant les *Rebelles de la*
Vendée et les *Chouans.*

Considérant que la Convention nationale en rendant
son décret du 12 frimaire et pardonnant aux Chouans
et aux Rebelles de la Vendée, a voulu faire cesser une
guerre aussi désastreuse que nuisible aux intérêts de la
République.

Qu'elle a voulu ramener au sein de la patrie des enfants
égarés, oublier le passé, répandre des bienfaits et des
secours sur les malheureuses victimes de cette guerre
qui divise une portion des Français de la masse entière
de la nation, rétablir l'agriculture, relever le commerce

dans ces contrées dévastées et les rendre à l'unité et à l'indivisibilité de la République.

Considérant que le sang français coule depuis trop longtemps dans les départements de l'Ouest, que pour réduire la Vendée et les Chouans par la force des armes, il faut que le sang républicain coule encore et anéantisse une population d'au moins six cent mille individus, que le règne des Robespierre, Carrier et leurs complices est cessé ; que la justice et l'humanité sont à l'ordre du jour.

Que les incendies, le viol, le pillage et les autres atrocités qui ont été commises dans la Vendée ont aigri l'esprit de ses habitants égarés ; que la confiance commence à y renaître et que ce sentiment qui s'inspire et ne se commande pas, ne peut se propager qu'avec des principes de justice et de douceur.

Considérant que la position actuelle des armées de l'Ouest, des côtes de Brest et de Cherbourg et la situation politique des départements qui sont dans les arrondissements de ces armées exigent les remèdes les plus prompts ; que la pénurie des vivres, la disette entière des fourrages et la presque impossibilité de s'en fournir donnent les plus vives inquiétudes.

Que l'activité avec laquelle les Chouans se sont organisés, embrasse la ci-devant Bretagne, une partie des 3 ci-devant provinces d'Anjou, Maine et Normandie ; que les routes de communication entre les grandes communes sont interceptées et par conséquent les arrivages des subsistances suspendus ; que les vols, les assassinats se multiplient et que les Chouans paraissent acquérir une consistance dont il importe d'arrêter les progrès.

Considérant que les résultats de l'entrevue qui a eu lieu depuis le 24 pluviose, mois courant, avec les chefs des Rebelles de la Vendée et des Chouans peuvent faire rentrer dans le sein de la République tous les habitants égarés des départements de l'Ouest, rendre le calme à ces contrées et y assurer la tranquillité publique.

Les Représentants soussignés, voulant enfin arrêter invariablement les bases d'après lesquelles la Vendée et les Chouans rentrent dans le sein de la République, après avoir organisé les demandes qui leur ont été faites, voulant maintenir les intérêts de la République et la dignité d'une grande nation qui oublie les égarements de quelques uns de ses enfants.

Voulant cimenter cette réunion d'une manière stable, laisser à ceux qui leur succéderont en mission les motifs de leur conduite, au milieu de circonstances aussi délicates et importantes, procurer à tous leurs collègues actuellement en mission dans ces mêmes départements, les moyens de coopérer unanimement à la pacification de la Vendée et des Chouans.

Arrêtent ce qui suit :

ARTICLE PREMIER. — Les Rebelles de la Vendée rentrent dans le sein de la République française démocratique une et indivisible.

ART. 2 — Le territoire de la Vendée sera soumis aux lois de la République, aux autorités civiles et militaires tel qu'il l'était avant l'insurrection du mois de mars 1793.

Art, 3 — La Vendée ne présente plus, au moyen de sa soumission au décret de l'amnistie du 12 frimaire, que deux classes de citoyens, les bons et les mauvais.

Art. 4 — La réduction de la population de la Vendée, la difficulté de trouver des citoyens capables et instruits ne permettent pas d'organiser des municipalités dans chaque commune, il sera créé provisoirement pour les remplacer, des commissions administratives, dont les arrondissements seront réglés par les Représentants du peuple.

Art. 5 — Les individus qui composeront les autorités civiles seront pris parmi les citoyens connus par leurs principes de justice et d'humanité.

Art. 6 — Les Rebelles de la Vendée remettront toute leur artillerie, canons, obus, caissons, trains et chevaux. Le prix des fusils remis par les habitants de la Vendée leur sera payé.

Art. 7 — Les cultivateurs retourneront à la culture des terres, les ouvriers et artisans à leurs ateliers et travaux.

Art. 8 — Les Vendéens existant sans profession quelconque deviendraient dangereux s'ils n'étaient pas employés utilement ; il leur sera libre de servir dans les troupes de la République.

Art. 9 — Ceux d'entre eux qui étaient naturels et habitants du pays, avant le mois de mars 1793 seront organisés en gardes territoriaux.

Ils ne pourront excéder le nombre de dix mille ; leur

organisation sera faite par les Représentants du peuple, et ils seront soldés par le trésor public.

Art. 10 — Les gardes territoriaux seront soumis aux lois de la République et aux autorités constituées, civiles et militaires ; ils n'auront pas de chef particulier, mais seront organisés en compagnies et distribués sur tous les points du territoire français, dit la Vendée, sans pouvoir le quitter ni en sortir.

Art. 11 — Comme cette organisation ne tend qu'à assurer l'existence d'individus qui sans état et sans profession, pourraient se livrer à des excès ou à des désordres, les compagnies ne se recruteront pas. Les armes de ceux qui mourront ou se retireront seront remises au magasins de la République. La valeur de ces armes sera payée à ceux qui se retireront, si elles ne leur ont pas été payées lors de leur organisation.

Art. 12 — Tous les bons signés par les chefs, les commissaires aux vivres et autres délégués des Rebelles de la Vendée, seront remboursés jusqu'à concurrence de deux millions ; toutes mesures d'exécution sont prises à cet égard.

Art. 13 — Ces deux sommes seront prises sur les vingt millions de secours mis par la Convention à la disposition des Représentants du peuple dans les départements de l'Ouest.

Art. 14 — La somme de dix huit millions restante sera employée en secours et indemnités pour aider les habitants de la Vendée à relever leurs maisons et chaumiéres, pour y rétablir l'agriculture et faire revivre le commerce.

Si cette somme est insuffisante, la Convention sera sollicitée d'accorder de plus forts secours.

ART. 15 — Tous les habitants de la Vendée, soit qu'ils aient été réfugiés, soit qu'ils soient rentrés dans le sein de la République, ont un droit égal à ces secours et indemnités.

ART. 16 — Les baux des biens des Vendéens absents et patriotes, qui auraient pu être donnés par les vendéens rebelles n'auront lieu que pour l'année courante.

Les fruits et productions seront partagés moitié par moitié, entre les propriétaires du bien ayant droit et ceux qui auront ensemencé. Les baux des maisons auront seulement cours jusqu'au prochain terme, les prix des loyers seront payés aux propriétaires ou leur ayant droit.

ART 17 — Les réfugiés propriétaires des fermes dans les départements insurgés seront indemnisés du défaut de paiement des fermages courus depuis l'insurrection de la Vendée, touchés par les Chefs de la Vendée ou sur leurs ordres, et de la perte de leurs bestiaux pris pour le service des armées vendéennes, sur les fonds destinés en secours pour la Vendée.

ART. 18 — Les habitants de la Vendée rentrent de fait dans la propriété et possession de tous leurs biens meubles et immeubles par leur soumission à la loi d'amnistie du 12 frimaire.

ART. 19 — Il sera donné aux enfants et héritiers des Vendéens, condamnés par des tribunaux, sans déclaration de jury, main-levée du séquestre qui aurait pu être apposé sur les biens tant meubles qu'immeubles des condamnés.

Si ces biens sont vendus, ils seront indemnisés.

ART. 20 — La déclaration du droit de l'homme et l'acte constitutionnel ayant décrété la liberté des cultes, cette liberté ne pouvant exister sans un exercice fait par des ministres; les départements de l'Ouest, contenant des habitants qui avant la Révolution suivaient différents cultes; la Convention nationale n'ayant jamais entendu interdire aucun culte, mais au contraire, en ayant solennellement autorisé le paisible exercice.

Nul individu, ni aucune section des habitants des départements de l'Ouest ne pourront être troublés dans le libre et paisible exercice de leur culte. Cet exercice ne sera pas extérieur et les ministres de tout culte quelconque ne pourront être recherchés ainsi que tous autres individus pour l'exercice libre, paisible et intérieur de leur culte.

ART. 21 — Il sera donné mainlevée du séquestre apposé tant sur les biens meubles qu'immeubles des Rebelles de la Vendée qui sont inscrits sur la liste des émigrés.

Les émigrés qui se trouvent dans la Vendée au nombre de douze sont soustraits à la peine de mort, mais ne pourront prétendre à la mainlevée du séquestre de leurs biens.

ART. 22 — Les arrêtés à prendre devant être uniformes seront basés sur le présent arrêté, qui à cet effet, sera communiqué aux autres Représentants du peuple dans les armées de l'Ouest, des côtes de Brest et de Cherbourg.

Les dispositions du présent sont applicables à la partie du territoire français occupé par les Chouans, dès l'instant qu'ils se seront soumis au décret d'amnistie du 12 frimaire.

Art. 23 — Il sera envoyé des commissaires à la Convention et auprès des Comités de gouvernement pour leur faire part des résultats de l'entrevue et des opérations qui l'ont suivie ; en même temps faire approuver la conduite des Représentants du peuple soussignés, en tant que besoin serait.

Les commissaires sont les Représentants Bollet, Ruelle et Delaunay.

Articles Additionnels

Article Premier — Il sera donné mainlevée du séquestre à ceux des Vendéens non émigrés qui seraient inscrits sur la liste des émigrés.

Art. 2 — Sur l'article 12, la somme de deux millions, destinée au remboursement des bons des chefs des deux armées vendéennes, dites du Centre et du Pays Bas, sera augmentée et les bons de l'armée vendéenne dite d'Anjou, si Stofflet se soumet au décret d'amnistie.

Delaunai, Dornier, Ruelle, Morisson, Chaillon, Pomme (l'américain), Bollet, Lofficial, Menuau, Jarri.

PIÈCE CINQUIÈME

Au nom du Roi,

Le Conseil militaire de l'armée d'Anjou et Haut Poitou aux habitants de son arrondissement.

Français,

Après avoir vainement épuisé contre vous tous les moyens que la barbarie put leur suggérer, les tyrans de la France vous offrent la paix ; mais apprenez à quelles conditions. La première et la plus essentielle est d'éteindre en vos cœurs cet amour ardent et sacré que tout Français éprouve pour son Roi, et de reconnaître cette prétendue République dont l'existence et les décrets ont causé vos malheurs ; quel déshonneur !

On consent à ce prix à vous laisser la liberté des cultes, mais à vos frais, sans distinction de ministres, sans cérémonies extérieures, et sans aucuns signes de catholicité ; quelle impiété ! pour émouvoir et toucher vos cœurs par un bas et servile intérêt, on vous offre des indemnités, quelle chimère !

On s'engage à rembourser tous les frais de la guerre, et les bons royaux en émission ; quelle contradiction !

Les Républicains dont la présence souillait le territoire conquis pour le Roi, et que nos glorieux efforts en ont expulsés, y rentreront avec tous leurs droits ; le souffrirez-vous ? Une garde territoriale de douze à quinze cents hommes soldés par la République et organisés par les

Représentants du peuple, sera chargée de maintenir l'ordre et de faire exécuter les lois ; lui confierez-vous votre existence et vos propriétés ?

Une commission centrale, au lieu de districts et départements, fera sous la surveillance des mêmes Représentants, respecter parmi vous le pouvoir national ; mais sous quelques noms que la tyrannie se présente, ne l'avez-vous pas toujours en horreur ?

Tous officiers et soldats catholiques entrés dans la Vendée depuis la contre-révolution, seront tenus d'en sortir avec des passeports ; ces braves compagnons d'armes, les abandonnerez-vous ?

Les grains et autres objets servant à votre subsistance et qui pourront excéder vos besoins, rentreront dans la République ; y consentirez-vous ?

Les bras qui ne seront pas employés dans la garde territoriale, feront revivre l'agriculture ; mais jusqu'à quel temps ?

L'infaillibilité républicaine n'est-elle pas connue ?

Les biens de la noblesse expatriée pour venger son Roi, et ceux du clergé, seront acquis à la République ; sanctionnerez-vous cette inique et déshonorante usurpation ?

Les baux des biens des ennemis de l'État, consentis par les Royalistes, seront déclarés nuls. Habitants des campagnes, cultivateurs précieux, ces dispositions s'accordent-elles avec vos intérêts ?

Enfin vous subirez en tout la loi de vos tyrans, et le

régime établi par les bourreaux du meilleur de vos Rois, deviendra celui de ses plus fidèles sujets.

Vous perdrez dans un jour le fruit de deux années de fatigues, de travaux et de combats ; vous partagerez vos jouissances, vos biens et les restes fumants de vos habitations avec les assassins de vos épouses, de vos parents, de vos amis, de vos bienfaiteurs, ils insulteront à vos misères en triomphant de votre faiblesse, et dévorés par la faim, ils épuiseront la dernière des ressources que Dieu vous a laissée.

Français, souffrirez-vous un tel affront ? le déshonneur flétrira-t-il des lauriers cueillis avec tant de peines, d'efforts et de bravoure ? Non, cette seule pensée vous fait frémir d'horreur ; fidèles à Dieu et au Roi, vous suivrez vos chefs, vous vous rallierez autour d'eux ; ils vous précéderont au champ de l'honneur, c'est là qu'ils vous appellent en vous protestant à la face du Dieu qu'ils adorent, que prêts à mourir pour sa gloire, ils combattront pour la défense de l'Autel et du Trône, jusqu'au dernier soupir

Arrêté unanimement à Saint-Macaire, le 24 février 1795, l'an troisième du règne de Louis XVII.

Stofflet, Berrard, de Rostaing, Leduc, pour M. Challons, Lhuillier, Nicolas, Guichard, Monnier, Cesbron, Robert.

Vu l'adresse ci-dessus, nous ordonnons qu'elle soit imprimée, lue, publiée et affichée dans toutes les paroisses qui composent l'arrondissement de l'armée d'Anjou et Haut Poitou.

Donné à Maulévrier le 24 février 1795, l'an troisième du règne de Louis XVII.

Bernier, curé de Saint-Laud,
Commissaire général.

De l'imprimerie royale de Maulévrier. Clambart imprimeur.

PIÈCE SIXIÈME

Au nom du Roi,

Arrêté des généraux et officiers des armées réunis.

Nous, général en chef, et officiers généraux, membres du Conseil militaire de l'armée catholique et royale d'Anjou et Haut Poitou, et officiers des deux autres armées, réunis en conseil.

Instruits et vivement affectés du lâche abandon qu'ont fait de leur poste Messieurs Charette, de Goëttu, Sapinaud, Fleuriot, de Bruc, Béjarri et Prudhomme, et de leur réunion aux ennemis de l'Etat.

Considérant que cette réunion n'a pu s'effectuer qu'à des conditions également contraires au bien général, aux intérêts des peuples et aux droits imprescriptibles et sacrés de l'Autel et du Trône;

Voulant par des mesures promptes et vigoureuses arrêter les progrès de la séduction, et offrir aux peuples, restés fidèles à Dieu et au Roi, un centre d'union et un point de ralliement.

Avons unanimement déclaré et arrêté, déclarons et arrêtons ce qui suit :

ARTICLE PREMIER — Tous officiers fidèles à Dieu et au Roi, existant dans le pays conquis, sont invités au nom de la Religion, du Roi et de l'intérêt public, à se réunir à nous, dans le plus court délai, pour prendre de concert avec eux, telles mesures qui seront jugées nécessaires pour le salut public.

ART. 2 — Tous officiers, réunis à nous en la manière ci-dessus, conserveront les mêmes droits, rangs, qualités et prérogatives dont ils jouissaient précédemment.

ART. 3 — Tous arrêtés qui pourraient retarder ou altérer cette union, et notamment celui pris à Beaurepaire, le six décembre dernier, et tous autres qui en auraient été la suite, sont déclarés nuls et non avenus.

ART. 4 — Tous individus qui tenteraient de rompre cette union, ou d'affaiblir dans le cœur des peuples, par leurs intrigues et leurs discours, l'attachement qu'ils ont voué à la Religion, à Dieu et à leurs chefs, ou publieront des arrêtés ou proclamations venant de la République, de ses chefs ou de ceux qui s'y sont réunis seront arrêtés de suite, traduits devant le conseil militaire et punis exemplairement.

ART. 5 — La proclamation du conseil militaire de l'armée d'Anjou et Haut Poitou, adressée aux habitants de son arrondissement en date du 24 février dernier, sera publiée dans toutes les paroisses du pays conquis;

et les soldats et habitants sommés de se tenir prêts à marcher, en armes, partout où besoin sera, dès qu'ils en seront requis par leurs officiers respectifs.

ART. 6 — Il est enjoint à tous commandants des postes, soit des frontières, soit de l'intérieur, de prendre sans délai, sur leur responsabilité personnelle et les peines de droit, les mesures les plus promptes et les plus efficaces pour empêcher ou arrêter soit l'introduction des personnes suspectes dans le pays, soit le passage des habitants au-delà des frontières, sans une permission en poche et par écrit.

ART. 7 — La surveillance la plus exacte est recommandée aux chefs de divisions, leurs lieutenants et officiers, ainsi qu'au capitaine des différentes paroisses du pays conquis, lesquels seront tenus d'arrêter ou faire arrêter et conduire au premier poste, pour y être interrogés, tous individus suspects de républicanisme, qui voyageront dans l'intérieur.

ART. 8 — Toutes personnes de quelque qualité et condition qu'elles soient, qui seront convaincues d'avoir fait passer tant aux ennemis de l'état qu'à ceux qui se seront réunis à eux, soit des munitions de guerre, soit des provisions de bouche, seront de suite traduites devant le Conseil militaire et punies tant par la confiscation des provisions de bouche, au profit du dénonciateur que corporellement suivant l'exigence des cas et la rigueur des lois.

ART. 9 — Les dispositions contenues dans le présent arrêté seront lues à la tête de toutes les gardes, publiées aux prônes des messes paroissiales, affichées dans tout le pays conquis et maintenues par la force des armes contre ceux qui en tenteraient, conseilleraient ou favoriseraient l'infraction ou l'inexécution.

Donné à Jalais le 2 mars 1795, l'an troisième du règne de Louis XVII.

STOFFLET, BERRARD, DE ROSTAING, SOYER, major général, CADI, BARBOT, MONNIER, RICHARD, NICOLAS, GUICHARD, LHUILLIER, CHALONS, SOYER jeune, ROBERT, BLAIN, PÉRÈRE, lieutenant, le chevallier de CÉRIS, BAUDRY, LANDRÉ, PERDRIAU, COURTIN, LE ROY, ci-devant commandant général de la division des Sables, DE BEAUVAIS, commandant général d'artillerie, FORESTIER, commandant dans l'armée du centre, DE JOUSSELIN, DUPIN, VANNIER, DAVID, BREMON, DUMESNI, DE LASIGNON, SUPIOT, VALOIS, GAUVIN, GABARD, LEGÉ sous-lieutenant, GERMAIN BEZ, HUMEAU, PAPIN, MÉNARD, BRANDEAU, BOUCHET, DUBILLOT, LAPIERRE, BODET, AVRIL aîné, AVRIL jeune, AUGEREAU, LEDUC, LÉGEAI, CHARBORNIER, DUPOUET, HUMEAUX et BARRÉ, *secrétaire général.*

Vu l'arrêté ci-dessus, nous ordonnons qu'il soit imprimé, lu, publié et affiché conformément à l'article 9, partout où besoin sera.

Donné à Jalais, le 2 mars 1795, l'an troisième du règne de Louis XVII.

BERNIER, curé de Saint-Laud,
Commissaire général.

De l'imprimerie Royale de Maulévrier, Clambart imprimeur.

PIÈCE SEPTIÈME

Au nom du Roi,
*Le Conseil militaire provisoire des armées du
Centre et pays de Retz,*
Aux habitants de son arrondissement.

Soldats,

Du fond de notre retraite où vos ennemis et les nôtres
nous ont chassés, au moins il est bien doux pour nous de
pouvoir vous tenir le langage de la vérité, et de vous
apprendre ce que les traîtres ont grand intérêt à vous
cacher.

Depuis longtemps votre perte est jurée, et l'on n'attendait que votre confiance aveugle pour l'opérer. Il ne vous
trompait pas ce pressentiment qui vous alarmait ; et
les conférences réitérées avec les républicains vous
annonçant quelque chose de sinistre, n'étaient effective-
ment que des rendez-vous criminels, où l'on préparait
les moyens de vous trahir, de vous perdre et de vous
livrer.

Depuis longtemps, on voulait vous accoutumer à voir
paisiblement les ennemis de votre Dieu, les assassins de
votre Roi, les bourreaux de vos pères, de vos mères, de
vos femmes, de vos enfants, les destructeurs de votre
pays, et par là éteindre en vous cet amour sacré pour
votre devoir et ce noble sentiment de vengeance contre
des monstres que le ciel et la terre ont proscrits.

Depuis longtemps, de lâches ambitieux, faibles par caractère, criminels par sentiments, érigeaient idéalement sur vos débris le trône de leur orgueil ; ils ne pouvaient y parvenir qu'en détruisant vos amis, ils les ont détruits, ils poursuivent les autres, et aveuglément persuadés que leurs horribles projets ne seront point découverts, connus et déjoués, ce sont vos mains mêmes qu'ils voudraient employer pour creuser votre tombeau.

La mort des Marigni, des Joli et beaucoup d'autres que l'ambition, la jalousie et la trahison tentèrent de rendre ignominieux, était le présage ou plutôt le prélude de votre perte qu'on tramait. Leur amour pour leur Dieu et pour leur Roi, la délicatesse de leurs sentiments, leur attachement pour vous, étaient un obstacle invincible aux projets de vos ennemis, ils les ont sacrifiés.

D'autres têtes portaient ombrage : les Stofflet, curé de St-Laud, Berrard de Rostaing, leur paraissaient incapables de vous trahir, eh bien ! leur perte à été jurée, et pour faciliter à la République les moyens de vous détruire, on a été sur le point de vous faire marcher contre eux, pour, allumant la guerre civile parmi vous, accélérer notre défaite.

Oui, Soldats, rien n'a été négligé, tous les moyens les plus vils, les plus bas, les plus méprisables ont été employés ; après avoir usé de ruse, de ménagements, de discrétion, jugeant nos cœurs d'après les leurs, ils n'ont pas craint de tenter de nous corrompre par l'intérêt ; mais nos cœurs aussi purs que la cause que nous défendons, surent toujours mépriser l'or pour faire leur devoir et jamais un vil intérêt ne l'emportera sur notre attachement pour vous et sur notre reconnaissance pour la confiance que vous avez mise en nous.

L'auriez-vous jamais cru, Soldats, qu'un jour des hommes qui cent fois jurèrent de vous conduire à la gloire et de venger avec vous le ciel et la terre outragés, siègeraient avec des monstres couverts de crimes et sous le sceau de la réprobation ?

L'auriez-vous jamais cru, que quelques uns de vos chefs pour n'avoir pu être corrompus, pour n'avoir point voulu vous trahir, pour n'avoir point voulu reconnaître la République, seraient un jour poursuivis comme des criminels ?

Hélas ! Soldats, quel serait le fruit de tant de peines, de tant de travaux, de tant de combats, si, par la plus indigne, la plus criminelle reddition, vous repoussiez la main protectrice de votre Dieu qui, vous ayant continuellement protégés jusqu'alors, a couvert vos campagnes des scélérats qui vous poursuivaient.

Voyez les tristes décombres de vos maisons, écoutez la voix de vos familles égorgées, ressouvenez-vous de votre Roi assassiné ; n'oubliez pas vos prêtres fidèles, massacrés ou chassés du royaume ; voyez vos églises brûlées après avoir été profanées, et puis traitez, si vous pouvez, avec les républicains ; croyez à leurs serments et fondez-vous sur leurs promesses.

Ils avaient promis aussi à la garnison de Noirmoutiers de ne lui pas faire de mal, si elle mettait bas les armes ; ils l'égorgèrent.

Ils avaient promis d'épargner les malheureux débris de la Grande Armée, s'ils se rendaient ; des milliers ont été massacrés à Nantes !

Et comment croire ceux qui, ayant enfreint tous les traités, fait divorce avec les hommes, détruit la religion, nié l'existence de Dieu, se sont fait un jeu de toujours vous tromper ?

Non, Soldats, vous ne les croirez jamais ; mais prenez garde à la séduction. Inutilement vous demanderiez la communication de ce qu'on a fait, on vous montrerait autre chose ; inutilement vous demanderiez à voir la protestation de MM. Launay, Savin, Hesiaud, Duperat, Beauvais, Forestier, etc., dans laquelle nous jurons de ne jamais reconnaître la République, de ne jamais vivre ni mourir que pour Dieu et le Roi, de ne jamais vous trahir, on vous tromperait encore. Mais vous croirez, sans doute, ceux qui se sont exposés à perdre la vie plutôt que d'être républicains, ceux qui n'ont aucun intérêt de vous tromper, ceux auxquels on a offert des sommes considérables en or pour se rendre.

Eh bien ! vous croirez donc MM. Stofflet, Berrard, de Rostaing, Forestier, Savin, Launay, de Ceris, Beauvais, etc.

Déjà les monstres, auteurs de vos malheurs, qui ne s'étaient jetés parmi vous que pour faire de vos corps un rempart à leur lâcheté, tentent de noircir à vos yeux ceux qui toujours vous conduisirent au chemin de l'honneur et de la victoire ; qui toujours exposèrent ardemment leur vie, pour ménager la vôtre, et dont la plus douce jouissance fut et sera d'exterminer vos ennemis.

Prêteriez-vous l'oreille aux impostures des traîtres, qui osent venir encore, au milieu de vous, pour vous séduire ; après avoir été consommer dans Nantes le complot de votre destruction ; *après avoir été au spectacle et dans les rues crier vive la République, décorer hommes et chevaux de cocardes et panaches tricolores ?*

Ecoutez des amis qui vous parlent ; refusez une oreille depuis trop longtemps complaisante à des vipères réchauffées dans votre sein pour vous détruire. Qu'ils triompheraient, les scélérats, s'ils pouvaient vous prévenir contre vos chefs fidèles ! Veillez à l'enlèvement de vos grains et de vos denrées. Nantes en a déjà beaucoup reçu ; gardez-vous de vous laisser séduire par l'appas d'un vil papier qui, créé la veille, est détruit le lendemain, et surtout souvenez-vous que vous êtes Français — Royalistes et que vous avez tout à craindre de vos plus cruels ennemis.

A Maulévrier, ce 8 mars 1795, l'an IIIe du règne de Louis XVII.

LAUNAY,   FORESTIER LE JEUNE,
Président.   *Secrétaire.*

De l'imprimerie royale de Maulévrier.

PIÈCE HUITIÈME

LIBERTÉ.-ÉGALITÉ.-FRATERNITÉ.-HUMANITÉ.-JUSTICE

Au nom du Peuple français

Les Représentants du peuple près les armées et dans les départements de l'Ouest,

Aux habitants des districts de Saint-Florent, Cholet et Vihiers.

C'est pour vous délivrer de l'oppression sous laquelle vous gémissez, que la République envoie dans vos cantons quelques détachements de ses troupes. Ce ne sont plus les mêmes hommes qui ont porté chez vous la terreur et la destruction, ils ont expié leurs crimes ; le glaive de la loi les a frappés. Ce sont vos frères et vos amis qui viennent au milieu de vous, vous porter des paroles de paix, vous faire jouir des bienfaits de la Convention nationale, réparer vos malheurs et vous protéger contre les ennemis de votre tranquillité et de votre bonheur. Bannissez donc toute inquiétude, éloignez de vous tout esprit de défiance et ne songez plus qu'à cultiver vos champs et à vous livrer à vos travaux ordinaires.

Plus la République est puissante, plus elle est grande, juste et généreuse. C'est lorsqu'elle a terrassé ses nombreux ennemis extérieurs, qu'elle a reculé au loin les bornes de son empire, qu'elle est indulgente envers ses enfants, trop longtemps séparés d'elle ; pour les ramener dans son sein, elle ne veut employer que les armes de la raison et de l'humanité, et non pas les forces imposantes qui sont à sa disposition.

Il ne sont pas vos amis ceux qui se refusent à vous faire jouir de la pacification conclue avec le reste de la Vendée ; ce sont vos tyrans et les ennemis de l'humanité.

Ne voyez-vous pas que c'est un sordide intérêt, une ambition démesurée qui les portent à attiser le feu de la guerre civile dans vos malheureuses contrées. C'est par des flots de sang, c'est sur vos cadavres et sur ceux de vos frères et de vos amis, qu'ils veulent établir leur autorité chancelante.

Réfléchissez sur le passé et sur les suites de l'oppression sous laquelle vous gémissez ; comparez le résultat de vos réflexions avec les douceurs de la paix et tous les avantages que vous promet la Convention nationale, au nom de la République.

Vos personnes et vos propriétés seront respectées et sous la protection de la loi, comme celles de tous les citoyens français.

Vous avez désiré le libre exercice de la religion de vos pères, la constitution républicaine vous le garantit, et un décret tout récent vous l'assure de nouveau.

Vous avez éprouvé des pertes, vos maisons ont été incendiées, vos bestiaux enlevés, la République vient à votre secours et vous donne des indemnités ; elle ravivera votre commerce et votre agriculture par tous les moyens qui sont en son pouvoir et c'est nous, *dont quelques-uns sont nés au milieu de vous*, qui sommes chargés de répandre ses bienfaits

La réquisition militaire n'enlèvera pas vos jeunes gens, ils vous seront laissés pour vous aider à cultiver vos champs et travailler à vos manufactures.

Ceux qui veulent vous faire douter des promesses de la Convention nationale vous trompent, ils veulent vous entraîner avec eux dans le précipice ouvert sous leurs pas ; ils savent que déjà, dans une grande partie de la Vendée, les habitants ont éprouvé la bienfaisance nationale, que jamais la République ne promet en vain, et qu'elle exécute ponctuellement tout ce qu'elle a promis.

Ils sont perfides ceux qui fixent vos regards sur le passé ; ils savent bien que les coupables auteurs des calamités qui ont désolé la France, n'existent plus, et qu'il est impossible que l'affreux système de sang et de terreur se rétablisse jamais.

Évitez, habitants des campagnes, et vous artisans précieux, évitez le piège que l'on tend à votre crédulité, la guerre dans laquelle on veut encore vous entraîner, ne vous offre que la certitude de nouveaux malheurs : la paix que nous vous apportons au nom de la République, vous assure un avenir heureux. Si vous vous laissez entraîner, si vous écoutez la voix du crime et de la séduction, vous n'avez plus de bonheur à espérer, et vous achèverez la ruine du pays qui vous a vu naître : mais non, vous n'écouterez pas vos perfides dominateurs, vous entendrez la voix de la patrie qui vous tend les bras, qui vous dit que vous êtes encore ses enfants, et vous vous rappellerez que vous êtes français.

Signé : Lofficial, Pomme (l'américain), Chaillon.

PIÈCE NEUVIÈME

Au nom du Roi,

Le Conseil militaire des armées Catholiques et Royales aux soldats et habitants de la division du Loroux.

FRANÇAIS,

Des chefs perfides ont prétendu vous égarer, rendre inutiles deux années de combats, vous enlever vos dernières ressources et disposer à leur gré de vos personnes et de vos propriétés. Ils ont dit aux agents de ce gouvernement monstrueux et tyrannique, connu sous le nom de République Française :

« Ce peuple nous est dévoué, notre volonté sera la
« sienne ; il subira le joug sans le connaître ; il regardera
« comme une trêve passagère et momentanée une paix
« solide et durable ; il croira vivre sous un roi et vous
« seuls le gouvernerez, nous l'entretiendrons dans cette
« erreur utile à vos projets ; il ignorera les véritables
« conditions du traité conclu jusqu'au moment où sa
« crédulité vous aura rendus maîtres du pays qu'il
« habite ; alors, vous pourrez le pressurer à loisir, ravir
« ses subsistances et alimenter du fruit de ses travaux
« les défenseurs de la République. Nous partagerons
« avec vous ses dépouilles, et s'il compte encore quel-
« ques chefs fidèles à leur Roi, nous marcherons contre
« eux pour les immoler de concert avec vous. »

Français, cet atroce langage aurait-il pu vous séduire ou entraîner vos cœurs ? N'auriez-vous donc exposé vos jours et prodigué votre sang que pour devenir républicains ? Voudriez-vous encenser bassement, à l'exemple des chefs qui vous ont trahis, l'affreuse et sanglante idole que vous avez si longtemps combattue ? Non ces sentiments ne seront jamais les vôtres ; il n'est qu'un cœur avili par le crime, le déshonneur, ou l'intérêt, qui puisse de sang-froid, traiter avec les tyrans de son pays, les bourreaux de son Roi, et ceux de sa famille.

Déjà, l'un de ces traîtres qui prétendait vous égarer, a subi la peine que méritait son crime. Son successeur vous rappelle à sa suite au champ de l'honneur. Sa bravoure, ses sentiments et ses exploits vous sont connus. Obéissez à ses ordres, volez sur ses pas ; qu'il retrouve en vous des soldats chrétiens, généreux et fidèles. Soyez prêts à tout sacrifier pour rétablir la religion de vos pères et venger un Roi captif et malheureux. Respectez les propriétés, honorez, dans la personne de vos chefs et de vos administrateurs, les dépositaires de l'autorité légitime. Réunissez-vous à vos compagnons d'armes dans les rassemblements, aidez-nous à chasser les traîtres, à vaincre nos ennemis et à triompher des efforts combinés des uns et des autres.

Nous vous offrons à ces conditions de partager avec vous nos grains, nos farines et nos subsistances ; et pour vous prouver la générosité des sentiments qui nous animent, et les moyens efficaces que nous prenons pour vous soulager, nous ordonnons aux commissaires des paroisses de votre division :

1° De former un état exact et détaillé des besoins, en comestibles, qu'éprouve chaque paroisse, d'après la déclaration qu'en feront les habitants ;

2° D'adresser cet état, certifié par eux, à l'inspecteur divisionnaire et par lui au commissaire général dans le plus court délai, pour sur son rapport et d'après son avis être accordé, à chaque paroisse, tels secours en grains, farines et comestibles qui seront jugés nécessaires, lesquels ne seront distribués à un prix juste et raisonnable aux habitants en âge de porter les armes que sur l'attestation par écrit du capitaine de leur compagnie, reconnu pour tel par le chef de division, portant qu'ils ont obéi aux ordres de leurs chefs et suivi les rassemblements, et à toute autre personne qui, d'après un certificat des commissaires de leur paroisse, attestant l'inviolable attachement qu'elles ont voué à la cause sacrée de l'autel et du trône.

Arrêté à Maulévrier, le 24 Mars, l'an III⁰ du règne de Louis XVIIme.

Signé : Stofflet, Berrard, de Rostaing, Monnier, Richard, Nicolas, Guichard, Lhuillier, Chalon, Augereau, Launay, de Jousselin, Forestier, de Ceris, et Barré, secrétaire-général.

Vu la proclamation ci-dessus, nous ordonnons qu'elle soit lue, publiée et affichée, tant dans les paroisses qui composent la division du Loroux que partout où besoin sera.

Donné, à Maulévrier, le 24 Mars 1795, l'an IIIe du règne de Louis XVIIme.

Signé : Bernier,
Curé de St-Laud, Commissaire-général.

Pour copie conforme,

Signé : Barré,
Secrétaire-général.

P.-S. — Les mouvements de l'ennemi ayant obligé de démonter l'imprimerie, on attend à l'avoir éloigné pour faire imprimer cette proclamation.

PIÉCE DIXIÈME

LIBERTÉ–ÉGALITÉ–FRATERNITÉ–HUMANITÉ–JUSTICE

Armée de l'Ouest.

Au nom du Peuple Français.

A Cholet, le vingt-six germinal, l'an IIIe de la République Française une et indivisible.

Les Représentants du Peuple, près les armées et dans les départements de l'Ouest.

Considérant qu'il est indispensable de donner de suite des secours provisoires dans la Vendée, en attendant que l'on puisse déterminer les pertes de chaque individu, et accorder des indemnités dans les proportions qui seront adoptées par la Convention Nationale ;

Arrêtent qu'il sera versé dans la partie des départements, dite de la Vendée, provisoirement, huit millions qui seront distribués ainsi qu'il suit, savoir : un million pour les districts de Saumur, Vihiers, Thouars, sous la surveillance du représentant Menuau ; un million pour ceux de Cholet, Monglone, sous la surveillance du représentant Dornier ; un million pour ceux de Bressuire, la Chateigneraie, Parthenai, sous la surveillance du représentant Lofficial ; un million pour ceux de la Roche-sur-Yon, Challans, Montaigu, sous la surveillance du représentant Morisson ; un million pour ceux de Fontenay, les Sables, pour les Côtes et pour Noirmoutiers, isle Bouin, isle Dieu, sous la surveillance du représentant Gaudin ; un million pour ceux de Paimbeuf, Machecoul, sous la surveillance du représentant Chaillon ; un million pour ceux de Nantes, Clisson, sous la surveillance du représentant Ruelle ; et un million pour celui d'Angers, sous la surveillance des représentants Bézard et Delaunay.

DELAUNAY, BÉZARD, MENUAU, DORNIER, MORISSON, LOFFICIAL.

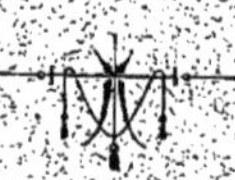

Imp. Lemercier et Alliot, 6, Rue du Pilori, Niort.